瓷与钻

清代瓷器海外贸易与欧洲中产崛起

上海大学出版社

郑轶伟 著

图书在版编目（CIP）数据

瓷与钻 : 清代瓷器海外贸易与欧洲中产崛起 /（美）郑轶伟著. -- 上海 : 上海大学出版社, 2025. 3.
ISBN 978-7-5671-5116-1

Ⅰ. F724.787

中国国家版本馆CIP数据核字第2025SV0914号

瓷与钻：
清代瓷器海外贸易与欧洲中产崛起

郑轶伟 著

责任编辑	颜颖颖
书籍设计	缪炎栩
技术编辑	金　鑫　钱宇坤

出版发行	上海大学出版社出版发行
地　　址	上海市上大路99号
邮政编码	200444
网　　址	www.shupress.cn
发行热线	021-66135109
出 版 人	余洋
印　　刷	上海新艺印刷有限公司
经　　销	各地新华书店
开　　本	889mm×1194mm 1/16
印　　张	11.25
字　　数	220千
版　　次	2025年3月第1版
印　　次	2025年3月第1次
书　　号	ISBN 978-7-5671-5116-1
定　　价	168.00元

版权所有　侵权必究
如发现本书有印装质量问题请与印刷厂质量科联系
联系电话：021-56683339

目录 Contents

◇ 引 　　　　　　　　　　　　　　　　　　　　　　　　　　　1

◇ 第一章
　　皮特的大钻石和康熙瓷的人文之光　　　　　　　　　　　　3

◇ 第二章
　　法国"西方公司"及"帕斯卡式赌注"带来的金彩　　　　　25

◇ 第三章
　　造就英国国运的纹章瓷　　　　　　　　　　　　　　　　　41

◇ 第四章
　　洛可可风格和中国粉彩画瓷　　　　　　　　　　　　　　　69

◇ 第五章
　　蓬帕杜夫人和粉彩瓷的花语　　　　　　　　　　　　　　　89

◇ 第六章
　　新古典主义、中国风以及中西瓷的互动　　　　　　　　　111

◇ 附录1　以清代海捞瓷为参照的断代　　　　　　　　　　　149

◇ 附录2　以清代纹章瓷为参照的断代　　　　　　　　　　　163

引

Preface

1683年康熙皇帝统一台湾，结束了长达28年的海禁。沿海一带的外贸商终于等来了曙光。然而，在这贸易停顿的几十年，欧洲市场已渐被日本瓷器所占领。从瓷器进口国到瓷器出口国，日本已能制造和中国明清际水准接近的青花瓷，而创新的"柿右卫门"彩瓷和"伊万里"金彩尤其符合欧洲顾客的审美。凭借青花的翠色、质感的灵气（图1）以及流水线操作对成本的控制，中国的外销青花瓷很快重回主流。然而，传统的中国彩瓷不足以和日本"伊万里"抗衡。于是，中国瓷工在釉质的"亮"上发展，以"康熙五彩"和"中国伊万里"（图2）同日本的"柿右卫门"和"伊万里"展开了激烈的竞争（图3）……

图1：左为明代青花克拉克式花鸟盘，径31.6厘米，重1013克；右为日本1660-1680年青花克拉克式花鸟盘，径40.7厘米，图片来自John Ayers, Oliver Impey, JVG Mallet et al., *Porcelain for Palaces: The Fashion for Japan in Europe, 1650-1750*（Art Media Resources, Ltd., May 1990），p.93. 左右比较，左盘的质感、光亮度、灵动性更佳。

图2：中国伊万里瓷盘：左为康熙晚期（1720年）英国海特利(Hatley)和雷诺(Reynolds)家族纹章瓷盘，径21.9厘米，重296克，穆格（Moog）旧藏；右为乾隆中期（1750年）中国伊万里瓷盘，径22.4厘米，重345克，Elinor Gordon, *Collecting Chinese Export Porcelain*（The Main Street Press, Inc. 1984），p.47。

图3：左为荷兰的普朗克（Pronk）1734年设计图；中为中国依图而制的乾隆早期中国伊万里盘，径24厘米，重350克；右为日本依图而制的18世纪早期日本伊万里盘，荷兰Museum No Hero藏品。

第一章

皮特的大钻石和
康熙瓷的人文之光

瓷与钻
Porcelain and Diamond

1719年6月的巴黎，来自英国北爱尔兰伦敦德里（Londonderry）的男爵汤姆·皮特（Tom Pitt）既兴奋又轻松（图4）：他刚下了重注和主管法国经济的苏格兰人约翰·罗（John Law，以下称罗）对赌英法的强弱——一年后英国"东印度公司"的股价会不会被法国"西方公司"的股价所压低。兴奋之余的轻松是，占压自己家族资金17年的大钻石终于交给了法国王室并拿到了最后一笔付款。这颗切割后重141克拉的"摄政王钻石"（图5）的原石是男爵父亲托马斯·皮特（Thomas Pitt，俗称"钻石皮特"，以下称皮特）（图6）1702年在印度购得，由男爵哥哥罗伯特·皮特（Robert Pitt）藏在鞋跟里带回英国的。

从印度到英国，这颗钻石见到了一个完全不同的世界：雾霾遮蔽烈日，远洋商贸的新人替换了代代相传的种姓，扬帆竞航的喧闹打破了无害服从的平静。而在30年前，从英国到印度，年方20岁的皮特乘坐英国东印度公司"兰开斯特"号（Lancaster）商船来到了印度孟加拉湾的巴拉索尔（Balasore），随即脱离公司而从事私人贸易。当时，关于私人贸易是否合法，争议激烈。虽然英国东印度公司相对于荷兰东印度公司的一个主要竞争优势是允许雇员按职称从事适度的私人贸易，但他们不允许脱离公司或者不属于公司的英国人从事私人贸易：在实力和条件允许的情况下，他们搜捕这些被贬称为"无证私贩"（interloper）的私人贸易者并送返英国。英国东印度公司宣称英国王室曾给予他们印度商贸的垄断权，但权力日渐增长的英国议会却没有批准过公司的垄断权。皮特是无证私贩中最出色的一员，屡次挫败公司的追捕。

由于海贸的致富效应，民意越来越偏向无证私贩。到了17世纪末，英国下院认可了在印度从事贸易的无证私贩的合法性（1694年）。商人和无证私贩开始另组公司（Dowgate Group，以下称新公司）去印度进行商贸，试图打破东印度公司（老公司）的垄断。面临前所未有的竞争，老公司在1697年决定雇佣皮特担任公司在印度最重要的职位：马德拉斯（现为金奈）总督（Governor of Madras），驻守圣乔治堡。皮特和新公司的领导不和，于是接受老公司任命，带着大儿子罗伯特同赴圣乔治堡（公司优惠让罗伯特从事私人贸易）。在皮特半年旅途期间，新公司在英国压倒了老公司。由于国王急需钱来应付和法国战后的各项开支，而征税有伤民意，所以国王想到了拍卖东印度的贸易垄断权。老公司和新公司各尽全力，结果新公司以贷给国王年息8%的200万英镑中标，并给老公司

图 4：康熙晚期（1720 年）英国伦敦德里男爵家族纹章瓷，径 22 厘米，重 319 克，盘心双鸦为渡鸦而非乌鸦，大卫·霍华德（David Howard）旧藏。

图5：镶在拿破仑"加冕之剑"上的"摄政王钻石"。

图6：皮特肖像画版画，戈弗雷·内勒爵士（Sir Godfrey Kneller）1720年画于"志奋领府邸"（Chevening House）。

三年时间完成交接。新公司随即组织使团赴印度，三位大使带着国王的任命去老公司的驻地和印度莫卧儿朝廷确认交接。

在英国，新公司凭着新筹的资金占了上风；但在印度，老公司却是地头蛇。皮特以没有收到国王的来信为借口，不认可交接。其他老公司总督也是类似的反应。大使无奈，只好去莫卧儿朝廷寻找支持，途中不放过任何机会贿赂印度官员。莫卧儿皇帝奥朗则布（Aurungzeb）在1701年4月28日接见了英国大使，礼仪隆重，但其后在批给他们贸易权和垄断权的同时，加了一项他们无法接受的条件：他们必须制止所有欧洲的海盗，不论是英国海盗还是其他欧洲国家的海盗。之前，莫卧儿帝国饱受欧洲海盗之患：比如1695年，英国海盗亨利·埃夫里（Henry Every）抢劫了莫卧儿舰队的旗舰聚宝船"冈依沙瓦"（Ganj-i-Sawai），船上货物价值高达325000英镑。英国主使诺里斯（Sir William Norris）企图用钱买走这项条件，但到10月28日他死了心，一方面钱快用完了，另一方面莫卧儿朝廷下了最后通牒：英国人若不能镇压海盗，那就哪里来哪里去吧。10天后诺里斯不辞而别，回英途中两度被扣，被罚了不少钱，郁闷中得痢疾去世。这次无效的出使共花去8万英镑，对新公司是一大打击。

新老东印度公司的内斗，以及诺里斯的不辞而别，给了莫卧儿皇帝奥朗则布一个惩治在印度的英国商人的契机。11月他通过"维齐尔"（宰相）阿萨德·科恩（Asad Khan）下诏：英国和欧洲贸易商承诺保护我们船只和人员免受海盗侵害，但他们违背诺言。我命令中止贸易，冻结他们的资产，禁锢他们的行动。诏令下达后，大将达乌德·科恩（Daud Khan）率兵在1702年1月29日到达皮特所驻的圣乔治堡，开始了长达三个月的围城。

对皮特而言，这场意想不到的围城风暴也带来了机遇。由于莫卧儿皇家藏宝丰富，不在乎一件两件的得失，所以对钻石的出价没有欧洲贵族出的高。矿主手里的好钻石往往通过当地的大珠宝商，比如拉姆昌（Ramchund）就会向在印度的英国及欧洲商人招商。可能是在1701年10月听到了莫卧儿皇帝要惩治英国人的风声，拉姆昌在11月就赶到圣乔治堡向皮特展示了一颗罕见的410克拉大钻原石。皮特请人评估了大钻，觉得切割后能有300克拉，胜过莫卧儿皇帝最好的钻石——260克拉的粉钻"光明之海"（也称"大莫卧儿"）[1]。按英国市价1500英镑一克拉，这颗钻石应值45万英镑，而他做总督的年薪只有300英镑。拉姆昌要价20万金塔币，皮特最多给到3万金塔币。差距太大，拉姆昌留给皮特一个钻石的模型就走了。等到1702年1月底围城即将开始，也许拉姆昌觉得皮特的财产有可能会被冻结，所以马上在2月份又带着钻石去了皮特那里。这一次他很好讲价，先主动降到10万金塔币，皮特想讲价到4万，最后他们以4.8万金塔币成交（相当于20400英镑）。

接着，皮特的好运似乎接踵而来。莫卧儿皇帝改变主意，将军在围城三个月后撤兵走了。去澳门和广州贸易的儿子在7月6日回到圣乔治堡，随即将钻石成功地带回了英国。但皮特不知道的是，他决定买钻石的时候，西班牙王位继承战争已经爆发，军费的开支使欧洲王公们不可能再花巨款买奢侈品。钻石切割后的消息也不好：他预期的300克拉和切割匠估计的280克拉都落空了，实际除去杂质后的钻石只有141克拉，不及预期的一半。他试过向许多欧洲王公招商，包括英国王室和法国国王路易十四，但战争年月没人愿出高价买这样的奢侈品。

失落的皮特接着在驻地推行一项政治改革。30万当地人分高低两种姓，高的属于有土地阶层，能种植；低的是生产者劳动者，无土地。公司的买卖，按传统一向是由高种姓商人接手，皮特付押金，商人组织和负责生产、本土运输和本土销售。因为高种姓商人是垄断，皮特觉得由于没有来自低种姓阶层的竞争，公司的买卖不能实现利润最大化。所以皮特决定打破垄断，扶持低层，让低层和高层自由竞争，以低层弱势翻身的活力来提升产品质量和降低公司成本。但他推行政策后，高层和低层矛盾激化，一些高层离开城堡，受他一个手下教唆而造反。最后他虽然平息了反叛，但总部认为皮特不应该改变由来已久的种姓差别，为公司带来政治风险，所以将皮特撤职，在1709年召回英国。

西班牙王位继承战争在1714年结束。1716年，苏格兰金融家约翰·罗（John Law）在法国建立银行，成功地将法国摄政王奥尔良公爵菲利普二世的一部分政府债务转成了银行券，得到了摄政王的赏识和信任。1717年，摄政王打腐获得几千万法镑的收入。皮特的女婿外交家斯坦厄普伯爵（图7）抓住时机，和罗联系推销皮特的钻石。罗通过圣西蒙公爵（Duc de Saint-Simon）向摄政王推荐大钻，以买下其他欧洲王公买不起的大钻石的光荣感打动了摄政王，最后成交价为200万法镑（相当于12.5万英镑），分期至1719年6月1日付清。皮特心中的大石终于落地。后来，皮特用卖钻石所获的利润置办地产，为孙子和曾孙在18世纪下半期的政治腾飞奠定了基础。这颗钻石呢，其后曾被用于镶嵌路易十五、路易十六、路易十八、查理十世、拿破仑三世的王冠，玛丽·安托瓦内特王后（Marie Antoinette）的帽子，拿破仑的"加冕之剑"，欧仁妮皇后（Empress Eugénie）的希腊王冠，现藏于巴黎卢浮宫。

子女中，皮特只喜欢二女儿露西（Lucy Pitt）和露西的丈夫斯坦厄普（James Stanhope）：五个子女中只有露西善良，所以皮特帮她找了勇敢的斯坦厄普。斯坦厄普早年是战争英雄，曾在战场上手刃强敌，结婚后弃军从政，展现了卓越的外交才能，他认为西班牙是当时英国的主要威胁。凭借事必亲为的个人努力，斯坦厄普参与谈判促成了英、法、荷、奥地利四国联盟。他和沃波尔（Walpole）领导辉格党（Whig），在乔治一世登基后辉格党成

图7：斯坦厄普画像，荷兰画家约翰·凡·迪斯特（Johan van Diest）1718年油画，英国国家肖像馆（National Portrait Gallery）藏品。

为主党。他是乔治一世最信任的大臣，任国务卿、财政部长、首席大臣。当时没有首相职务，有说法他是第一位大不列颠首相，但多数人认为他的继任沃波尔才是。但在他声名正隆之时，一场"南海风波"（将在下一章详述）却意外地毁灭了他。英国"南海公司"股票暴涨后暴跌，不少贵族和政要投资失败，继而引发了政治风暴。斯坦厄普有正直廉洁的美誉，并没有参与南海公司的管理和腐败，但他的远房堂兄弟查理·斯坦厄普（Charles Stanhope）涉及腐败。一次关于调查南海高官的会议中，章程的争论引发了买南海公司股票亏了大钱的菲利普·沃顿公爵（Philip Wharton）对当前掌权者的批判，矛头直指斯坦厄普：他把斯坦厄普比作罗马军人塞扬努斯（Sejanus），为独揽朝纲以及篡位，分裂罗马皇帝提比略(Tiberius)和他儿子德鲁苏斯(Drusus)[2]。（当时在英国，乔治一世和威尔士王子也的确不和，而支持他们的分别是斯坦厄普和沃波尔。）斯坦厄普闻言大怒，激动地把自己比作罗马共和国的布鲁图斯（Brutus），为反暴君、捍卫人民的自由不惜牺牲腐败的儿子（或者亲戚）[3]。说完后斯坦厄普头疼离场，第二天突然脑溢血去世，年仅48岁。失败的投机客发泄完了就成了没事人，而凭打拼一步一个脚印的军人外交家却不能平息震怒。其后，怀了双胞胎的露西生下小孩后不久也病故。露西家里的6个小孩（最大不超过10岁）全部托给老父亲皮特一人抚养和监护。皮特的心情和负担可想而知，过了三年也倒下了。皮特去世后，大儿子、老婆、二儿子为多拿遗产吵闹不休，在又一轮三年中相继过世。钻石并没有给皮特的第二代带来幸运。

然而在皮特的第三代中，钻石的光亮却得以再现。"你身上有多少皮特的基因？你想不想像爷爷一样去印度经商？"皮特问唯一喜欢的孙子威廉（William Pitt）。"我想成为国家的秘书。"威廉很自信地回答[4]。威廉长大后成为"伟大的平民"（俗称"老皮特"，指挥"七年战争"的英国首相），和他儿子"小皮特"（William Pitt the Younger，最年轻和任期第二长的英国首相）接替主宰了18世纪下半期的英国政坛，引领大不列颠登上历史高峰。

对亮的追求也体现在那时英国人对中国瓷的鉴赏中。在18世纪的英国，不管是喜欢还是批判中国瓷器的，都承认中国瓷有"令人愉悦的色彩"（luscious color）[5]，中国瓷的诱惑在于"直接的、感官的、孩子气般的对明亮颜色（bright colors）的喜悦"[6]。20世纪英国的中国纹章瓷鉴赏家大卫·霍华德（David Howard）依旧用"亮"（bright）这个词来评判釉色的优劣，图8即是霍华德认为釉彩非常亮的中国外销瓷盘[7]。

亮可从多重角度去欣赏：

（1）底色之白亮：比如洁白（图9）、坚白（图10）、腻白（图11）。

（2）青花之翠光：翠纹（图12）、翠地（图13）、翠松如龙（图14）、密竹风翠（图15）、由淡至浓的青花三碟（图16）。

（3）康熙绿彩的宝光意趣：红情绿意（图17）、绿色希望（图18）、绿意葱葱（图19）、疏闲（图20）、规整（图21）、挺拔（图22）、富贵（图23）、喜庆（图24）、翠绿欲滴（图25）。

综合来看，康熙和雍正时期的瓷器质感最佳，光感不亚于翡翠和和田玉（图26），好的兼具白光和脂感。体会质感的最佳方法是把瓷器放在一起对比着欣赏。图27、28、29是康雍瓷器和民国瓷

图 8：乾隆早期（1745 年）英国罗杰·盖尔（Roger Gale）家族纹章瓷，径 23 厘米，重 385 克，大卫·霍华德旧藏。

器质感的对比：康雍的光感强、气场大；而民国的即使白，也白得无力。图 30 是康熙晚期酱釉青花和乾隆时期酱釉青花的对比：型、质、酱彩均有明显差别。图 31 是康熙晚期五彩盘（中）和乾隆早期出口纹章瓷（左和右）的比较：康熙晚期的有玉质感，而乾隆早期的对比之下就显灰暗了（底面尤其明显）。

康熙外销瓷虽然没有皮特大钻石的天然星辉，但图 32 和图 33 的绿影红气却也足具磨砺而来的人文之光。

皮特的大钻石和康熙瓷的人文之光

图9：底釉之洁白：康熙晚期五彩摇铃尊，高16.5厘米，重278克，菲利普·卡代罗（Philip Cardeiro）旧藏。

图10：底釉之坚白：左为乾隆中期汁盅，长23厘米，重470克，本杰明F.爱德华三世（Benjamin F. Edwards III）旧藏；右为康熙晚期矾红五彩蝴蝶尊，高16厘米，重239克，菲利普·卡代罗旧藏。

图11：底釉之腻白：雍正时期粉彩踏雪寻梅茶壶，长16.5厘米，重339克。

图 12：青花之翠纹：左为康熙晚期青花荷兰杜松子酒酒瓶，高 15 厘米，重 341 克；中为康熙晚期青花蒜头瓶，高 15.5 厘米，重 296 克；右为康熙晚期青花荷兰杜松子酒酒瓶，高 15 厘米，重 351 克。

图 13：青花之翠地：左为康熙时期青花冰梅罐，底双圈，高 26 厘米，重 2505 克；右为康熙时期青花冰梅罐，底双圈，高 20 厘米，重 908 克。

图 14：康熙时期青花松鹿罐，底双圈，高 33 厘米，重 3748 克。

图 15：康熙时期青花罐，高 25 厘米，重 2221 克，葛仁（Emmanuel Gran）旧藏。

图16：第一行左为康熙时期青花碟，径15.8厘米，重128克；中为康熙时期青花碟，径16.2厘米，重124克；右为康熙时期青花碟，径16.1厘米，重125克，三碟底均为海螺。第二行左为明晚期青花克拉克大盘，径30厘米，重704克；右为康熙晚期或雍正时期青花西厢记长亭送别盘，底双圈，径27.7厘米，重682克，菲利普·卡代罗旧藏。

图 17：康熙晚期五彩西厢记联吟菊瓣小盘，底双圈，径 17 厘米，重 189 克。

图 18：康熙晚期五彩西厢记应举登途盘，底双圈鼎炉，径 21.3 厘米，重 285 克。

图 19：康熙晚期五彩十二月令大盘，径 36 厘米，重 1631 克。

图 20：康熙晚期五彩雁塘秋趣盘，底双圈爵，径 22.2 厘米，重 321 克，菲利普·卡代罗旧藏。

图 21：康熙晚期或雍正时期五彩山水盘，径 26.7 厘米，重 655 克，菲利普·卡代罗旧藏。

图 22：康熙晚期五彩花卉瓶一对，底双圈。左高 20.8 厘米，重 503 克；右高 21.2 厘米，重 406 克，菲利普·卡代罗旧藏。

图 23：康熙晚期五彩花鸟茶壶两个。左长 17.5 厘米，重 443 克；右长 16.5 厘米，重 299 克。

图24：康熙晚期或雍正时期五彩盘三个。左盘径21.5厘米，重294克；中盘径26.5厘米，重605克；右盘径21.5厘米，重309克。

图25：康熙晚期五彩牡丹盘，底双圈树叶，径21.2厘米，重379克。

皮特的大钻石和康熙瓷的人文之光

图26：前排左为雍正时期青花小罐，玉字款，高8.8厘米，重145克；中为康熙晚期青花调料托，高9.3厘米，重128克，贺拉斯·高登（Horace Gordon）旧藏；右为康熙晚期青花小瓶，高9.8厘米，重86克。后排为中国人民共和国创汇时期翠瓶。

图27：左为康熙晚期五彩鹤鹿同春盘，底缘双折枝花，径21.8厘米，重307克，菲利普·卡代罗旧藏；右为民国时期粉彩鹤鹿同春碟，径13.2厘米，重131克。

图 28：左为雍正时期粉彩花鸟尊，高 20.2 厘米，重 522 克，菲利普·卡代罗旧藏；右为民国早期粉彩瓶，高 22.2 厘米，重 670 克。

图 29：左为雍正时期粉彩花卉尊，高 15.5 厘米，重 256 克，菲利普·卡代罗旧藏；右为民国粉彩二乔读书瓶，高 22.7 厘米，重 570 克。

皮特的大钻石和康熙瓷的人文之光

图 30：康熙晚期酱釉青花和乾隆时期酱釉青花对比。康熙酱釉青花杯径 8.4 厘米，重 66 克，碟径 12.7 厘米，重 117 克；乾隆酱釉青花碗径 8.4 厘米，重 77 克，碟径 13.4 厘米，重 134 克。

图 31：左为乾隆早期纹章瓷碟，径 12 厘米，重 69 克；中为康熙晚期五彩花卉碟，径 13 厘米，重 75 克；右为乾隆早期（1746-1750 年）迈纳斯（Meyners）和哈密尔顿（Hamilton）家族纹章瓷碟，径 14.6 厘米，重 117 克，安吉拉·霍华德（Angela Howard）旧藏。

图 32：康熙晚期五彩牡丹八棱大盘，径 39.5 厘米，重 1742 克。

皮特的大钻石和康熙瓷的人文之光

图33：康熙时期红釉观音尊，高45厘米，重4215克。

1　"光明之海"现称"光明之星"，属于伊朗政府。

2　"Then a debate arouse how to proceed in this unprecedented Case, and severe reflections were made against those in power by the duke of Wharton, who observed, that the government of the best princes was oftentimes made intolerable to their subjects by ill ministers, which his grace illustrated by the example of Sejanus, who made a division in the imperial family, and rendered the reign of the emperor Claudius odious to the Romans...." *Cobbett's Parliamentary History of England: 1714-1722*, Great Britain. Parliament（1811），p.706.

3　"This reflection was highly resented by the earl Stanhope, who took upon him to vindicate his colleagues; and brought several instances from the Roman history, particularly that of the great patriot, Brutus, who, in order to assert the liberty

of Rome, and free it from tyrants, sacrificed his own degenerate son." *Cobbett's Parliamentary History of England: 1714-1722*, Great Britain. Parliament（1811）,p.706.

4 这段对话出自：Ann Wardlaw, *Diamond Pitt*（The Book Guild Ltd, 2014）, p.211. 未有史实验证。但皮特的信件中确实反映出他只要威廉一个人作伴："下周五我就出发去斯沃洛菲尔德；你的儿子威廉和我一起去。""我注意到你已经派人从伊顿来接你的儿子威廉。他是一个有前途的小伙子，他毫无疑问会实现你和他所有朋友的期望。""当威廉去伊顿时，我会很高兴在这里见到他。""上周一我把威廉留在了伊顿。"［'I set out for Swallowfield Friday next; your son, William, goes with me.' 'I observe you have sent for your son, William, from Eton. He is a hopeful lad, and doubt not but he will answer yours and all his friends' expectations,' 'I shall be glad to see Will here as he goes to Eton.' 'Monday last I left Will at Eton.' 引自 Lord Rosebery, *Lord Chatham His Early Life and Connections*（Harper & Brothers Publishers, November 1910）, p.11.］根据这些信件，罗斯伯里勋爵（Lord Rosebery）认为"皮特独看重威廉"："皮特唯一表现出的温柔是对他的孙子威廉"，"皮特对威廉有先见之明"，"所有皮特的后代中，威廉是皮特唯一表扬过的"。("The only note of tenderness that he ever strikes is with regard to his grandson, William, to whom he looks with a rare prescience of attention." " It is not too much to say that William is the only one of his descendants whom the Governor commends; the only one, indeed, who never falls under the lash of the Governor's uncontrollable tongue." 引自 Lord Rosebery, *Lord Chatham His Early Life and Connections*, pp.10-11.）

5 Lord Shaftesbury, "Advice to an Author," *Characteristics of Men, Manners, Opinions, Times*, ed. John Robertson, 2 vols.（London, 1900）, vol1.p.219.

6 "The pleasures in gazing upon its fanciful designs were low, uncultivated pleasures, in that they consisted of an immediate, sensual, child-like delight in bright colors..." in David Porter, *Eighteenth-Century Studies*, vol. 35, no. 3（Spring 2002）, p.403.

7 信息来自笔者和安吉拉·霍华德（Angela Howard，大卫·霍华德的遗孀，以下简称安吉拉）的通信。

主要参考图书：
1. James Buchan. *John Law*, MacLehose Press, 2018.
2. Cornelius Neale Dalton. *The Life of Thomas Pitt*, Cambridge: at the University Press, 1915.

第二章

法国『西方公司』
及『帕斯卡式赌注』
带来的金彩

当皮特焦虑不安地寻找钻石的买家时，苏格兰经济学家约翰·罗（图34）却在思索钻石的价值问题：为什么生命中并不必需的钻石，价值却要比生命所必需的水高呢[1]？罗最终达成了供需比决定价值的理解[2]。在现实生活中，罗也帮皮特找到了钻石的买家：法国摄政王奥尔良公爵菲利普二世。

法国正试图走出战争后的困境。1715年9月1日，太阳王路易十四去世。太阳王执政的72年中，法国经历了前所未有的军事胜利和文艺发展，但太阳王后期的"九年战争"和"西班牙王位继承战争"不但令主要对手英国获得了贩运奴隶的专利以及对葡萄牙的保护权，更使债务累积达年收入的35倍[3]。

接掌法国后，摄政王奥尔良公爵面临历史上最严重的入不敷出：1715年法国的总收入预计为1.65亿法镑，但扣除军费、宫廷开支和管理费用后，能支付债务利息的一共只有4800万法镑。但摄政王需要支付的有两项：一是年金和工资约9000万法镑〔年金和工资相当于贵族或政府雇员按职位先押一笔钱在国王那里，然后国王每年付年金或工资（或终身或后代继承）〕，当时政府雇员有5万人。二是从1688年起累积的对军火商、金融商、贸易商9亿法镑战争欠票的5%年息，也即4500万法镑。

怎样才能最大限度地削减支出以及增加收入？摄政王内阁实行裁军、政府缩减4000个办公点、货币贬值、把年金/工资降20%（从押金的5%降到4%）的方式。1715年12月，摄政王着手审查战争欠票的合法性，把9亿法镑欠票硬行压缩

图34：约翰·罗（John Law）像，图片来自《不列颠百科全书》。

至 2.5 亿法镑，并将其转成可转让的政府票（billets d'état），年息 4%，市价只有面值的 4 成。紧接着，摄政王于 1716 年 3 月成立打腐司法院（30 名法官、120 名行政助理等）[4]，按举报严查自 1689 年 1 月 1 日起两次战争中的所有承包商、雇员、包税商等有无在战时违法牟利、发国难财等。举报者将被赦免以前的罪行，并获得五分之一追回的赃款。任何人企图影响或阻碍举报者将被处死，在法庭上做资产伪证的将被没收所有资产并终身罚做苦役。摄政王和财政委员会主席诺瓦耶公爵（Duc de Noailles）开始时答应不干涉司法院的工作，但半年后摄政王觉得进展太慢，等不及法律之轮的运转，在 9 月另组委员会审查已递交法院的个人经济声明：发现违规或违法即处以罚款，款付后违规/违法人即被政府赦免过失或罪行。在审查的 8000 份声明中，4400 余位金融商及其家人或手下被罚了 2.2 亿法镑，相当于他们申报资产的三分之一。摄政王重钱轻公正的行为打击了法官们的积极性。此外，摄政王还多次开脱法官们试图定罪的权贵亲信，比如巴黎警局总监达尔让松侯爵（Marquis d'Argenson）的亲信尼古拉斯·波默勒伊（Nicolas Pommereuil）。摄政王的干涉激怒了司法院首席法官巴斯维尔侯爵拉穆尼翁（Lamoignon, marquis de Basville），拉穆尼翁坚决推进更多的有罪起诉，包括针对著名金融商布尔瓦莱（Bourvallais）的案例。此外，巴黎以外的法院扣留有贪腐嫌疑的包税商（包税商上交的税占王室总收入的 40%）。摄政王和诺瓦耶担心税收受打腐影响，所以在 1717 年 3 月摄政王下诏解散打腐司法院，新总理达格索（d'Aguesseau）这样对法官们解释："如果治疗时间太长的话，会导致新的病症。"言外之意是：司法程序费时太久，影响政府收入，不符当下国情。

因循传统的招数使尽，但债务大山仍在，摄政王决定采取"帕斯卡式"的赌注，让深信"资本是商贸之泉而非避风港"[5]的苏格兰人罗在法国试验新金融系统。不同于传统论证，法国数学家帕斯卡（Blaise Pascal）用赌牌即时更新的决断论来探讨"上帝的信仰"：每一次决定，都是"信"还是"不信"利弊衡量后的趋利避害的赌注[6]。摄政王对罗的金融体系也是持这样的态度：他考虑的利是削减债务和增加王室收入，而弊是政治动荡的风险。由于罗不是法国人，作为外来人的创新不会有政治上的旧包袱。罗提倡发纸币和降低利息，吸引商人贷款创新，增加就业，提高产出，增加国家收入和储备。继而再增发新钱，进入新一轮扩张。同时吸引民间金银存储到银行获取利益，银行凭金银储备增量再发新钱，供商人进一步发展。虽然罗和摄政王有着不同的动机，但他们发纸币和降低利息的想法是一致的。

1716 年 5 月，罗成立银行（Banque Générale Privée），资本 600 万法镑，发行银行纸盾（écus de banque），业务包括转账、收购债务等。认购股份允许用打 4 折的政府票，按面值计入。由于银行是摄政王支持的，认购很快完成，罗自己投了 150 万法镑。摄政王的目的是少付或不付政府票的利息，这就需要把政府票控制在自己或代理人手里。此外，如果自己人手中的打折政府票能按面值流转，那就扩大了资产[7]。

银行的股份虽然只吸收了一小部分政府票，但给摄政王带来了希望。那时有个商人安托万·克罗扎特（Antoine Crozat）想转手他的开发美洲的（以路易斯安那为主）、有贸易垄断权的路易斯安那公司（Company of Louisiana），克罗扎特建议接手者成立国王和私人的合营公司，资本 150 万法镑。现金 150 万法镑没人响应，于是他仿效罗的银行接受政府票。这就引起了诺瓦耶和摄政王的兴趣。显然，摄政王并不是对路易斯安那感兴趣——法国政府对开发美洲疲倦了。早在 1712 年，由于欧洲战争的支出，法国官方不想再承担殖民地的费用，因此让开发美洲的法国探险家拉莫特·卡迪亚克（Antoine de la Mothe, sieur de Cadillac）去找私人接手。卡迪亚克在巴黎找到了富商克罗扎特，说路易斯安那地区有矿藏以及和西班牙新旧墨西哥贸易的潜力（当时卡迪亚克还没去过路易斯安那），克罗扎特于是找了两个合伙人成立了路易斯安那公司尝试，在 1712 年 9 月 14 日获批 15 年贸易专利。克罗扎特接手路易斯安那时，那里只有 27 家流动居民、两队步兵，和一些边远地区的人。他一共发了 5 艘船到路易斯安那，一艘毁于 1714 年海难，而回来的船只有时是空船，有时载些加拿大皮毛。路易斯安那当时的产出是零，而加拿大皮毛贸易有稳定但不出彩的利润。其后正值摄政王打腐，司法院罚了克罗扎特 660 万法镑的税款，克罗扎特决定不干了。由于罗办银行成功，摄政王在 1717 年 8 月让罗接手路易斯安那公司，改名"西方公司"（Compagnie d'Occident）。公司拥有在路易斯安那和伊利诺贸易和开矿的专利 25 年，从加拿大进口狸皮、大衣、皮纸的专利 25 年，以及开采空心柏树树干制船和安建堡垒的专利。如果公司用法国船只贸易，那么进出口全部免税。作为对以上特权的回报，公司须组织 6000 名白人和 3000 名黑人移民去路易斯安那地区，在所有的居住点建造天主教教堂并配备教士。公司资产暂不限，但每股面值 500 法镑，可以按政府票的面值买。用来买股的政府票会在市政厅焚毁，政府承诺对这些政府票付 4% 的永久年息，而这些年息用政府公证处的印花税支付。公司招商时，亦答应给股东 4% 的年红利。

1717 年 12 月，摄政王批准公司资本为 1 亿法镑。对于前任认为 150 万法镑就足以经营的公司，融资 1 亿法镑难道不是为了其他目的吗？摄政王的对头是巴黎议会。从路易十四以来，议会到底有无实际立法权一直不明。而在历次战争中，议员的收入下降，他们多是拿永久工资的保守派，不认同罗的风险投资，不能接受摄政王通过降息等降低他们的收入。议会从一开始就反对罗的银行和公司，在 1718 年 8 月和罗、摄政王的斗争趋于白热化。8 月 12 日，议会下令罗的银行只能是私人银行，象罗这样的外国人或外国移民不能和国王的财政有任何关联，否则将严惩。罗害怕了，去找圣西蒙公爵商量，听从公爵建议暂住王宫。公爵等说服摄政王动用 50 年未用的"正义之光"（Lit de justice）[8] 来"突袭"议会。8 月 26 日，摄政王突然召集"正义之光"公会，先软禁宫里反对派，等议员都来了，兼财政委员会主席和国王掌印官的达尔让松（Argenson，原巴黎警局总监）宣布议会 8 月 12 日限制罗银行的条令无效。议会抗议，但达尔让松充耳不闻，拿着国王大印敲下去，说："国王需要你们服从，此刻你们必须服从。"宫外市场中，大家买进西方公司股票，卖出政府票……议会中了圈套，义愤填膺，回去后立即组织司法院准备调查达尔让松并传讯罗。但曾任警局总监多年的达尔让松先下手为强，在 28 日晚和 29 日晨，抓了三个最活跃的议员秘密送去小岛监禁。殉道的气氛充斥着议会，但在未来的 1 年半内，议会没有再针对罗或阻扰他的计划。

1亿法镑的股票认购远非易事。虽然最终摄政王和罗两人就包了50%的股票，但起始阶段罗为了得到投资人的认可，需要不断地给自己打气。一开始，人们对罗公司的投资并不积极。原因有多个：其一，法国有余钱投资的人或家族在以往的150年中都是拿国王年金/工资/债息，他们没有风险投资的经历。其二，在之前的很多年，加拿大和北美并没有给法国人带来多少收入，而大家起初也不清楚罗公司的规模。其三，罗所说的公司第二年才付4%红利，意味着公司资金短缺，而政府答应给公司的印花税早被挪用垫付将来的费用。所以，公司红利并不确定，人们猜测公司的钱只够去一趟殖民地或者只付红利。为了消减大家的疑虑，罗决定自己出钱组织公司船队去美洲。10月25日，公司船队从拉罗谢尔（La Rochelle）出发去殖民地，主船"海豚号"（Dauphine）载重250吨，2艘副船"海王星号"（Neptune）和"机警号"（Vigilante）各载重60吨，带去面粉、衣服和前一手公司欠的工资、药、白兰地、蜡烛、木匠、裁缝、鞋匠、面包师以及作为苦力的贩盐罪犯。副船载了10艘扁舟和10艘独木舟以供探索沼泽和海湾。罗另用自己的钱从美洲进口了6吨加拿大狸皮。公司主管令当地的韦尔维尔（Bienville）建贸易镇，用摄政王的爵名命名其为新奥尔良（New Orleans）。韦尔维尔选了河口圣让波蒂奇（Bayou Saint-Jean），组织了50人从次年春开始清理那里的沼泽地的柏树和甘蔗树。罗的努力很快有了回响。1718年1月，有对巴黎兄弟赞助了29人随公司商船"和平号"（Paix）去密西西比河西岸村庄移民。4月，有300人陆续乘公司"诺阿耶公爵夫人号"（Duchesse-de-Noailles）、"胜利号"（Victoire）、"玛丽号"（Marie）去密西西比沼泽地带等移民。

摄政王在政策面也不断地配合。1717年12月，摄政王给西方公司邮政税和烟草税各100万法镑。1718年8月1日，政府给了西方公司代理约翰·拉德米拉尔（Jean Ladmiral）为期6年的烟草进口和销售专利。12月，摄政王让国王用现金600万法镑买下罗的银行，改名"皇家银行"（Banque royale），由罗经营。银行原股东不但得到了股息，而且用只值面值4成的政府票向国王换成了等面值的现钞，相当于资本增加了1.5倍。这样一来，大家对罗的股票信心大增。1719年1月17日，西方公司成立的17个月后，公司的首批总额为1亿法镑的股票终于全部认购完毕。

与此同时，罗利用皇家银行的声誉迅速扩大流通资本——皇家银行在1月10日、2月15日、4月1日、4月28日共发行了1.1亿法镑银行纸盾。突然增加的巨量现钱创造了投资的需求，不出罗意外，打7折的公司股票（发行价500法镑，但市场价长期在350法镑）很快升到了发行价的98%（490法镑），终止了长达18个月的打折。罗随即提出扩张公司，兼并早年破落的法国东印度公司（La Compagnie Française des Indes Orientales）和中国公司（Compagnie de Chine），再度以每股发行价500法镑发行新股50000股，融资2500万法镑以营造舰队。摄政王于5月21日以国王的名义批准了罗的合并公司，更名为印度公司（Compagnie des Indes）。

自此，罗的公司步入了下半场。如果上半场帕斯卡式的赌注是摄政王在赌罗的吸金能力，那么下半场就是投资者在赌摄政王是否依旧赌罗——换句话说，摄政王什么时候才会中止对罗的支持。

为了不让投资者以旧换新（卖出旧股来买新股），罗规定有4旧股（母股）才能买1新股（女儿股）。到了7月下旬，母股已涨到了1000法镑。7月25日，公司获得铸币专利权9年，条件是15个月内付给政府5000万法镑。于是，罗再发新股融资5000万法镑：50000新股（称孙女股），每股发行价1000法镑。有4母股和1女儿股才有资格买1孙女股。为配合新股认购，皇家银行在6月10日得令发行5000万法镑银行纸盾，7月25日得令再发行2.4亿。诸多刺激下买潮汹涌，母股在10周内涨了5倍，8月4日股价冲到了2500法镑。摄政王在高兴之余亦有悲伤：他最在乎的亲人女儿路易丝·伊丽莎白（Marie Louise Élisabeth）在7月21日病故。

如夏天一般炎热的巴黎股市，吸引着游客和投资者。年轻的伏尔泰（Voltaire）也是其中一员，他在信中写道："在巴黎，大家的话题离不开'百万'。他们说小康者陷于贫困，而乞丐却乐游于丰足。罗是神、骗子还是散发药片且自服过量的吹牛客？对于我自己，我静静无悔地住在这里：一个聪明的苏格兰人，就像善良的维吉尔所说的老女巫，在叶子上写下我们的命运。"[9]

8月17日，股价冲3000法镑后回落，英国驻法大使斯泰尔伯爵（Stair）写信给国务秘书克拉格斯（James Craggs）：密西西比（指罗的西方公司/印度公司）开始蹒跚了。法国摄政王应该在7月底每股2000法镑的时候就卖出国王所持的所有股份，这样能有2亿法镑……斯泰尔想到的摄政王当然也会想到。但摄政王所持的股份太多（近首期发行总量的四成），公司或者市场当时应该没有这么多钱能接。对摄政王而言，要成功撤离股局，只有继续做大蛋糕。8月27日，他下诏把国家的征税事务全部包给罗的印度公司。印度公司贷给王室12亿法镑，也即国家全部债务，利率暂定3%。这样，国家以后只有一个债主——印度公司。印度公司的年金和股利定为3%（年金包括付公务员的工资，比原来的4%又降了一个百分点）。这个措施被"法国史学之父"儒勒·米什莱（Jules Michelet）称为1789年法国大革命前最伟大的经济和社会变革[10]，使得依赖王室的贵族、公务员、教会人员的收入变得受商贸金融所左右。诏令颁出后，印度公司的股价在一个月之内翻了一番。在滚烫的市场热情中，摄政王和罗在9月11日、9月26日和28日、10月2日加速增发了三次公司新股，每次总额5亿法镑，每股发行价5000法镑，可接受分期付款等。此外，皇家银行在9月12日发行了1.2亿法镑的银行纸盾。新股很快就被订完，股价在年底冲至1万法镑。1720年1月4日，罗被任命为国王财政总监（相当于首相），登上人生高峰。

为了防止股票在高位跌落，皇家银行在1月获准发行最多达3.5亿法镑银行纸盾，在必要时稳定股价。1月28日，银行纸盾被批为全国合法货币。可是，为托股价而发行的银行纸盾引起了流通领域银行纸盾的泛滥。物价上涨，大家开始拒收和拒用银行纸盾，金银、钻石、地产成了比银行纸盾更安全的资产。2月6日，罗把年金从7月1日后降至2%（同当时的股利一致），试图逼使年金拥有者把他们的押金转成股票。但大家去股票和去银行纸盾的意愿不减。这时，摄政王决定撤离了。2月22日，公司和银行合并，合并公司不再贷款给国王，银行也不再支持股票。公司以每股9000法镑的价格买下国王名下所有的 10 万股股票，三分之一款额在 1720 年内支付，剩下的每月付 500 万法镑，10 年付清。公司股价冲至每股 12500 法镑后回落，之后虽有反弹，但大势一路向下：5 月股价跌到四五千法镑，6 月 3000 法镑，8 月 2000 法镑，而银行纸盾跌到了原先价值的一半[11]。到 12 月，股价跌至 1000 法镑，罗向摄政王请辞职务，并要求离开法国，只带走他来法国时带来的 150 万法镑。摄政王温柔地拥抱了罗，给他办了护照。12 月 18 日，罗带着儿子离去。西方公司/印度公司的"密西西比泡沫"破灭。

1721 年，印度公司股价跌回发行价每股 500 法镑。这场风波中，最大的赢家是摄政王。他以每股 350 法镑的价格买进西方公司/印度公司（且用的是打 4 折的政府票），每股 9000 法镑的价格卖出。就算他按协议只拿到 1720 年的售价的三分之一款额，他的资产也扩张了 20 倍以上。此外，摄政王政府付的年金从雇佣罗前的 4% 降至其后的 2.5%（罗在 1720 年把年金降至 2%，但贷款交还政府后，摄政王被迫加了 0.5%）。

"密西西比泡沫"的英国版是"南海泡沫"（South Sea Bubble）。1711 年，一些大不列颠商人接手政府的 9 百万英镑战争债务，以成立股份制的贸易公司，将债务转成股票，公司全名为"与南海和美洲其他地区贸易及鼓励渔业的大不列颠商人总督和公司"（"The Governor and Company of the Merchants of Great Britain Trading to the South Seas and other Parts of America and for encouraging the Fishery"）。该南海公司拥有南美海岸贸易垄断权，发行同贷款等值的股票，并有政府给的贷款利息一年 55 万英镑以及 8000 英镑的管理费。和罗的西方公司相同的是：它们都是将国债换成股票，可以通过调整股票的红利来影响债务利率。当国家的欠债对象从军火商/金融商等转成股票的持有人，公司和股东的争议就不再影响国家从军火商/金融商等再度借贷。不同的是，西方公司拥有路易斯安那，而南海公司的商船往往被控制美洲的西班牙舰队所阻拦和驱逐。南海公司唯一可靠的生意是 1713 年《乌德勒支和约》（Treaty of Utrecht）批给英国的贩卖非洲奴隶去美洲西班牙殖民地的特权（之前特权属于法国）。此外，南海公司和西方公司最根本的不同是：南海公司受英国议会监管，而西方公司是法国摄政王独裁，巴黎议会想监管却有心无力。

南海公司的股票长期低迷，直到 1716 年市价还是低于每股 100 英镑的发行价。1719 年秋，当罗的公司通过接手法国政府的全部债务而促使股价在一个月内翻番，南海公司的高官再也坐不住了。南海公司创建人之一约翰·布朗特（John Blunt）向英国首席大臣斯坦厄普提议让南海公司接下英国政府约 3100 万英镑的全部债务。布朗特多次表示对罗的不忿："接政府债是我在南海公司一早先用的，罗借这招在法国发达了，现在我要在英国改良这招，超过罗！"但想接政府债的不只南海公司，还有英国银行。在 1720 年 1 月 22 日的下院会议中，财政大臣约翰·艾斯拉比（John Aislabie）代表南海公司提出转债方案，国务秘书克拉格斯（Craggs）接着发言支持。但议员罗伯特·沃波尔（Robert Walpole，后为英国首相）（图 35）却支持英国银行，反对南海公司的方案。沃波尔说："从事有风险的炒股会使国家的精英偏离贸易和工业。炒股者一不小心就会被危险的诱饵导向毁灭，用他们辛苦挣来的钱换成对想象中财富的期待。炒

图35：罗伯特·沃波尔（Robert Walpole）油画像，肖像画家戈弗雷·内勒（Godfrey Kneller）作品，图片来自《不列颠百科全书》。

股遵循的原则是一等的罪恶：它人为提升股价，通过煽动情绪和许诺无法兑现的红利。"[12]他还建议如果南海公司的股票上涨过猛的话，应该设立限制减缓涨势。可是当时下院中的大多数议员都不愿理会沃波尔的看法，南海公司最终在2月2日赢了英国银行，成为国王债主。沃波尔自己最终也买了南海公司的股票而在高点成功套现，赚了大钱。这并不是说沃波尔不真诚，沃波尔的发言是出自公心，从国家的利益来考虑。但他买股票是出于私人的盈利心。南海公司股票后来崩盘导致股灾，大家都在互相攻击和指责时，作为反对南海公司接债和炒股的领头人沃波尔不但没有跟风狠批南海公司和其高管，反而建议低调处理南海高管，并说服英国银行和英国东印度公司联手救了南海公司。沃波尔的公心和远见得到了大家的认可，其后他成为第一位也是执政时间最长的英国首相。这位以"不要惊醒睡狗"（Let Sleeping Dogs Lie）为铭的首相，一生不喜虚伪和道德高调。当他的政敌以爱国者的名义来夺他权时，他说："爱国之心只生于拒绝不理智的要求和蛮横。"[13]

南海公司以付英国政府750万英镑的代价获得了公司发新股购买政府3100万英镑债务的特权。此外，南海高管暗地里以面值57.45万英镑的股权贿赂政要以及国王的亲信。如此高的代价当然需要股价的飞升来补偿。南海公司股票在1720年2月起步，股价先从120英镑涨到160英镑，接着到200英镑。4月12日发行新股每股300英镑，很快售完。4月21日，政府付公司贷款利息，公司宣布当年夏季红利为10%。4月23日，公司再次发行新股，每股400英镑，几个小时内就订完；5月28日，股价升到550英镑；6月2日，股价890英镑；7月再度发行新股，每股1000英镑。这场豪赌来得猛，去得更快。7月法国印度公司的"密西西比泡沫"破裂，南海公司高管纷纷卖出南海公司股票套利，整个8月南海公司股票不停地下跌，到9月2日股价跌至700英镑稍停，然后股价一路跌到9月29日的135英镑……股票涨5个月跌2个月，终点又回到起点附近。数以百计的英国家庭失去了积蓄，物理学家牛顿（Newton）也赔了很多钱。牛顿说："我能计算天体的运行，但不能计算人的疯狂。"[14]股灾引发了政治风暴，南海公司的腐败行为（包括对政府官员的贿赂）纷纷被揭露：财政大臣艾斯拉比下狱，国务秘书小克拉格斯和他父亲老克拉格斯（邮政部长）在审讯期间相继而亡[15]，对南海公司没有直接责任的首席大臣斯坦厄普因会议争吵意外亡故[16]。

1720 年，英国南海公司、法国西方公司股价 10 倍、20 倍的波动虽然只使为数不多的参与者或赚或赔，其社会影响却波及所有阶层。股市中逐利的共性使平民不再觉得贵族高不可攀，普通人不再安于出身和宿命：股票可以改变命运，暴富后可置地产、买议员。股市面前似乎人人平等，社会中的拜金心理达到了当时的历史高峰。当拜金心理渗入审美倾向，就导致了金彩装饰的增多和流行。这在中国外销欧洲的瓷器中有相应的反映。1720 年前，中国外销欧洲的瓷器中虽有金彩，但涂抹面积占比不大（中国本土器物鲜用金彩，在同荷兰东印度公司恢复海贸后，受外商喜好以及竞争对手日本伊万里瓷器的影响，适量施加金彩）。在 1720 年后雍正晚期至乾隆早期的 20 多年中，中高档外销瓷中金彩用量明显增大，有的甚至超过整体彩饰的 50%，形成了以金彩为主而和五彩、中国伊万里、橙彩、粉彩等相组合的金混合彩。

金混合彩中，和金彩最协调的是橙彩。橙彩非中国本土所好，而是荷兰特别钟情的颜色：抵抗西班牙的荷兰民族英雄威廉一世（William I，1533–1584）的封地在"桔子郡"（现位于法国南部），封地名延伸至颜色，威廉一世常穿橙色的衣服，其后橙色成为荷兰国色。康熙海禁开放后，荷兰东印度公司首先和中国贸易，其后直到雍正时期一直领先于欧洲其他国家的东印度公司，所以橙彩成为中国外销瓷中的一个常见品类（图 36、图 37）。

图 36：雍正时期（1730 年）出口到荷兰市场的瓷盘，径 23 厘米，盘中欧服男子一说为达夫（Duff）总督（荷兰东印度公司 1729-1737 年间的总督），美国 Pook & Pook 拍卖 2013 年 10 月 11 日第 297 号。

在金彩盛行的雍乾时期，不同釉彩和设计的组合具有丰富的表现力：比如疏（图38）、密（图39）、繁（图40）、雅（图41）、净（图42）、霸（图43）、晶莹（图44）、华丽（图45）、贵气（图46）、贵雅（图47）。这个时期的金彩外销瓷，不但是中国金彩瓷器的高峰，而且是世界陶瓷史上的里程碑，而唯一可比的日本明治时期萨摩陶（图48）在质感和光亮方面都要逊色一些[17]。

图37：乾隆早期粉彩高髻仕女盘，径38.5厘米，重1288克。这类高髻仕女式样在荷兰市场颇为流行。

图38：乾隆时期粉彩风景盘，径23厘米，埃力诺·高登（Elinor Gordon）旧藏。

法国"西方公司"及"帕斯卡式赌注"带来的金彩

图39：雍正时期（1730年）金地粉彩孔雀盘一对。左盘径22.8厘米，重319克；右盘径22.6厘米，重315克。为英国约克市长理查德·劳森（Richard Lawson，1697年生，1741-1754年间担任约克市长）和太太芭芭拉订制的婚盘。

图40：乾隆中期（1750年）金地粉彩贵妃醉酒盘，径22.7厘米，重362克。

图41：雍正时期金彩李白题诗碟，径11厘米，重47克。

图42：康熙晚期中国伊万里花卉盘，径22.5厘米，重335克。

图43：康熙晚期（1720年）英国南海公司高管罗伯特·切斯特（Robert Chester）订制的纹章瓷甜肉盒，中国伊万里风格，左宽11.2厘米，重100克；右宽11.3厘米，重88克。

法国"西方公司"及"帕斯卡式赌注"带来的金彩

图44：雍正晚期（1735年）英国诺福克郡格林（Green of Norfolk）家族纹章瓷盘，径22.5厘米，重408克，纽约苏富比1988年拍卖目录5679第412号拍品。

图45：乾隆早期（1740-1750年）英国查德利男爵休·克利福德（Hugh Clifford, Baron of Chudleigh）订制的中国伊万里纹章瓷盘，径22.9厘米，重377克。

图46：雍正晚期（1734-1736年）英国兰顿（Lambton）家族纹章瓷盘，径22.2厘米，重361克，可能是押运官里德（Reid）1734年或1736年从广州带回。

图47：雍正晚期（1735年）英国里奇（Rich）和史密斯（Smythes）家族纹章瓷壶，长17厘米，重362克。大卫·霍华德著《中国纹章瓷》，伦敦辉柏嘉有限公司1974年版，第247页原物图。

图48：日本明治时期娄明山款萨摩陶壶，高16.5厘米，重424克。

1 几十年后另一个苏格兰人，西方经济学之父亚当·史密斯（Adam Smith）也在思索同样的问题。

2 "[Goods] value is greater or lesser, not so much from their more or less valuable, or necessary uses, as from the greater or lesser quantity of them in proportion to the demand for them. example; water is of great use, yet of little value; because the quantity of water is much greater than the demand of it. diamonds are of little use, yet of great value, because the demand for diamonds is much greater, than the quantity of them. " John Law, *Money and Trade Considered: With a Proposal for Supplying the Nation with Money* (The Heirs and Successors of Andrew Anderson, 1705) , p.4.

3 Will and Ariel Durant, *The Age of Voltaire: A History of Civilization in Western Europe from 1715 to 1756* (Simon and Schuster, Inc., 1965) , p.9.

4 Erik Goldner, *Corruption on Trial : Money, Power, and Punishment in France's Chambre de Justice of 1716*, Varia，vol. 17, no.1 (2013) , p.11.

5 *Lettre écrite à M*** sur le nouveau système des finances*, (le Nouveau Mercure, February 1720) , p.55.

6 Blaise Pascal, *Pensées* (1670) , trans. by W. F. Trotter (London: Dent, 1910) .

7 比如说，如果摄政王买回政府票，理应销毁。若不销毁，又投资自己人的公司但不准备付政府票的利息，那就是腐败了。巴黎议会曾以这个理由来质问和调查摄政王，使得摄政王决定动用武力镇压。

8 "正义之光"是法国一种特殊的议会会议形式，在王宫里举行，由国王主持。

9 "Avec l'abbé Courtin je vis ici tranquille,
Sans aucun regret pour la ville
Où certain Écossais malin,
Comme la vieille sibylle
Dont parle le bon Virgile,
Sur des feuillets volants écrit notre destin. "
Buchan, John Law, 190.

10 Jules Michelet, *Historie de France*, La Régence, 1.

11 Jon Moen, "John Law and the Mississippi Bubble: 1718–1720, " Mississippi History Now, October 2001. " Law devalued shares in the company in several stages during 1720, and the value of bank notes was reduced to 50 percent of their face value. ... The fall in the price of stock allowed Law's enemies to take control of the company by confiscating the shares of investors who could not prove they had actually paid for their shares with real assets rather than credit. This reduced investor shares, or shares outstanding, by two-thirds."

12 "The dangerous practice of stock-jobbing would divert the genius of the nation from trade and industry. It would hold out a dangerous lure to decoy the unwary to their ruin, by making them part with the earnings of their labor for a prospect of imaginary wealth. The great principle of the project was an evil of first-rate magnitude; it was to raise artificially the value of the stock, by exciting and keeping up a general infatuation, and by promising dividends out of funds which could never be adequate to the purpose." Charles Mackay, *Memoirs of extraordinary popular delusions and the madness of crowds. 2 vols*, vol. 1, （1852）,p.49.

13 "It is but refusing to gratify an unreasonable or an insolent demand, and up starts a patriot." From: Robert Walpole, *On His Proposed Removal From Office*.

14 Newton: "I can calculate the motion of heavenly bodies, but not the madness of people."

15 参见：https://en.wikipedia.org/wiki/South_Sea_Company.

16 见上一章的讨论。

17 郑轶伟：《可赏可鉴的日本萨摩陶》，载《艺术市场》2004年第6期。

本章主要参考图书：

1. James Buchan, *John Law*（MacLehose Press, 2018）.
2. Durant, *The Age of Voltaire*.
3. Goldner, *Corruption on Trial*.

第三章

造就英国国运的纹章瓷

中国外销瓷中，有一类特别订制的瓷器，在器物中心、边缘或者底部绘有欧洲家族的族徽，称为"纹章瓷"（Armorial Porcelain）。订制纹章瓷的包括欧洲的权贵、商人和从事远洋贸易的家族。纹章瓷在18世纪最为流行，用作宴会和社交中使用的餐具和茶具，同时也表明主人的来历和地位。目前已发现和考证的18世纪欧洲从中国订制的纹章瓷有几千套，其中大部分是由大不列颠家族订制的。钻石皮特(Pitt)即是最早订制中国纹章瓷的英国人士之一[1]（图49），皮特驻守的圣乔治堡后来也成了纹章瓷中时有所见的装饰图案（图50）。

是什么原因导致英国在18世纪向中国订制了大量纹章瓷，数量远远超过欧洲其他国家？首先，英国在18世纪的目标是成为海上霸主，大不列颠的新人以海贸成就为荣。从中国订制的纹章瓷既能展现自己家族的来历，又是来自遥远东方的贸易成果。其次，向中国订制纹章瓷从起始到收货需要数年的等待，其中有价值观寓意，和英国"茶里加糖"习俗的成因有相通之处。

关于第一点，英国是西欧岛国，地理位置适合海贸。政体上，自16世纪亨利八世起英国就持续地反天主教，其目的是王室和国家能够自主，不受罗马天主教会的制约。1688年的"光荣革命"防止了天主教的复辟，但代表商贸利益的议会分了王室的权。自此英国政治偏重于商贸，直至随克莱芙（Clive）在印度军事胜利后而生的殖民意愿。英国的主要对手法国一贯偏重在欧洲本土扩张，所以英国觉得在远洋贸易上更容易超过法国。往西至美洲，英国的南海公司虽有稳定的贩卖奴隶的收入，但贸易常受西班牙所阻（比如1732年后，西班牙的美洲殖民地不允许英国船贸易）。往东至亚洲，英国东印度公司虽已在印度深耕（印度洋贸易），但和中国的贸易是1690年后才开始的（南海贸易）。17世纪称霸东方贸易的以雅加达（Batavia）为中心的荷兰东印度公司为了节约成本，在1690-1729年期间取消了去中国的航线，这就给了英国赶超之机。在17世纪发展壮大的荷兰东印度公司，注重做亚洲各国家海路贸易的中间商，比如在明代中日禁贸期间，荷兰东印度公司以台湾为中转站，促成日本白银和中国丝绸的交易。荷兰东印度公司在亚洲海路的各据点和航线都是以这个目的打造和维持的。但是到了17世纪后期和18世纪，亚洲海贸中间商的份额减少，而欧洲和亚洲直接海贸的意愿增强，过时的结构和缺乏新资本的注入拖累了荷兰东印度公司转型

造就英国国运的纹章瓷

图49：康熙晚期（1705年）英国皮特（Pitt）家族纹章瓷，图片来自大卫·霍华德著《中国纹章瓷》，传家宝和霍华德有限公司2003年版，第114页。

图50：左为乾隆早期（1745年）英国米尔斯（Mills）和韦伯（Webber）家族纹章瓷盘，径22.4厘米，重349克；右为乾隆早期（1745年）英国波尔（Pole）家族纹章瓷盘，径22.8厘米，重348克。两盘的中心图案为不同角度的圣乔治堡。

的步伐[2]。英国东印度公司从亚洲进口的印度棉布在17世纪已超过荷兰东印度公司，并把这个优势维持了几乎整个18世纪。英国又开发了本国人的茶消费，茶升级为国饮，而茶叶成了英国东印度公司从中国进口总额最高的货物。加上英国东印度公司允许船员私人贸易，相比于不允许私贸的荷兰东印度公司更能激发贸易的活力和灵活性。1708年英国新老东印度公司合并后，在1708-1802年期间开往中国的航程共有790趟，由447位船长领航（有的船长开了不止一次）。而在这447位船长中，有约53%即234位船长本人或家属从广州订制了纹章瓷。在1761-1802年期间，英国东印度公司开往中国的航程有569趟，这些航程的103位管理业主中，有约57%即59位业主本人或家属从广州订制了纹章瓷[3]。由此可见，18世纪英国东印度公司的高管至少有一半从广州订制了纹章瓷。作为宴会晚餐用具或茶具，纹章瓷展现了主人的来历和经历。但不只是从事远东贸易的人士向中国订制纹章瓷，英国的政界要员也从广州订制纹章瓷，其带头者是英国第一位首相沃波尔（Walpole）。沃波尔在法官辩护人沃克（Walker）家中看到了沃克1712年从广州订制的纹章瓷后，于1715年按沃克纹章瓷的边饰式样订制了自己的纹章瓷（图51），成为最早订制中国纹章瓷的英国政要之一。沃波尔订制中国纹章瓷的动机无从考证，但从他的政策来看，他以海贸为纽带，制造和消费并重，打造大不列颠新面貌。沃波尔在1721年说："没有什么比成品的出口和原材料的进口更有助于促进公共福利了。"[4] 生产方面，沃波尔通过东印度公司从亚洲进口原料（印度面料等），加工后出口，而对于原料的进口和成品的出口都免税[5]。消费方面，他支持本国人对远洋贸易或殖民而来的茶、咖啡、热饮巧克力和糖的消费。他在1721年取消了茶、咖啡、热饮巧克力的进口税，而代之以消费税，以帮助英国东印度公司打击茶叶走私[6]。这一切都是以远洋贸易或殖民为基础的，所以沃波尔订制中国纹章瓷和他的政策是一致的。财政大臣（沃波尔的职位之一）订了中国纹章瓷，上行下效。1710-1800年期间，约四成的伦敦历任市长或其近亲都订制过中国纹章瓷[7]。

纹章瓷多是宴会中的晚餐用具，但也有不少是饮茶用具。欧洲从17世纪中期开始从中国进口茶叶，茶曾在17世纪五六十年代成为英、法、荷的时尚饮品。虽然饮茶时尚在法国很快消退，但在英国和荷兰被保留了下来[8]。1657年，英国烟草商和咖啡馆老板托马斯·加韦（Thomas Garway）首次在伦敦交易所巷（Exchange Alley）的咖啡馆出售茶叶和茶饮。茶在1660年代比咖啡要贵6-10倍[9]。这样的价格对平民来说是阻碍，但对贵族来说却是诱惑。茶是英国王后布拉干萨王朝公主凯瑟琳（Catherine of Braganza）的最爱。凯瑟琳在1662年和英国国王查理二世结婚后，把自己喝茶的习惯引进为英国宫廷的时尚。于是，英国社会对茶的观念从药用饮品变为宫廷饮品，饮茶成了英国贵族社会中炫耀财富的一种仪式，茶作为贵族小众饮品一直延续到18世纪早期。1720年，为了贯彻沃波尔"英国制造"和"拉动国内消费"的国策，国会禁止东印度公司从中国进口纺织成品，于是东印度公司转向进口更多的茶叶以供国内消费，而中国对增加供给没有问题。于是饮茶风很快扩张至中产阶级。到了18世纪后半期和19

图51：左为康熙晚期（1712年）英国沃克家族纹章瓷茶杯/咖啡杯，高6厘米，重93克；右为康熙晚期（1715年）英国沃波尔家族纹章瓷盘。图片来自大卫·霍华德著《中国纹章瓷》第2卷第134页。

世纪，饮茶风继续扩张至劳工平民，"茶歇""茶餐"相继出现，茶成为英国国饮。此外，茶叶是英国东印度公司贸易期间的最大消费商品，茶叶的销售额占公司总销售额的50%以上[10]，和中国茶叶相关的税收占英国政府收入的10%。茶的流行也带动了对中国瓷茶具的需求，比如茶壶（图52、图53）、壶托（图54、图55）、茶叶罐（图56）、茶碗/杯和茶碟（图57、图58、图59、图60、图61、图62、图63）、茶碗/杯（图64、图65、图66）、茶碟（图67、图68、图69、图70）。虽然用茶时应从茶碗或茶杯中饮茶，但把茶倒在茶碟中饮用也很常见。

欧洲饮茶有茶中放糖的习俗。这习俗看似无关紧要，但在当时却有深意。17世纪，欧洲关于茶的讨论多是茶的医用功能，并无提及茶里放糖不放糖。荷兰"茶医"邦特科（Bontekoe）在1678年的出版物中提倡大量饮茶（比如一天十杯），但警告不要茶中放糖。医学方面的普遍意见是过度摄入糖有害。但在1685–1700年，茶中放糖已成为英国和荷兰的习俗。是什么促成了这个习俗？早在16世纪，糖已被欧洲西北地区的贵族用作提味、装饰食物等。糖伴随着宴会级别的食物出现，在早期象征着较高的社会地位。另外，因为糖的甜味，它代表着自我放纵，所以贵族摄入糖是自治宣言，在细微处抵制严格的公共道德行为标准。17世纪后期，热门医学书籍对糖持保留意见：过度摄入糖会导致

图 52：康熙或雍正时期青花仕女茶壶，高 12.3 厘米，重 169 克。

图 53：康熙晚期五彩牡丹凤棱纹茶壶，高 17 厘米，重 367 克。

造就英国国运的纹章瓷

图 54：康熙晚期青花鱼龙纹壶托，径 15.7 厘米，重 157 克。

图 55：乾隆中期（1750 年）英国约翰·菲利普斯（John Phillips）订制的纹章瓷粉彩壶托，径 20 厘米，重 584 克。约翰·菲利普斯当时是英国贸易和种植委员会委员长。

图56：茶叶罐5个（从左到右）：乾隆晚期（1790年）克尔（Ker）和马丁（Martin）家族纹章瓷罐，高11.2厘米，重241克，美国达拉斯博物馆旧藏；康熙时期青花卷叶纹罐，高13厘米，重198克；雍正时期粉彩孔雀罐，高13厘米，重176克；康熙时期青花卷叶纹罐，高13.4厘米，重181克；19世纪清蓝地开光粉彩花鸟罐，高14.6厘米，重334克。

图57：康熙或雍正时期青花"慈善"（Charity）碗碟（"慈善"的拟人化图案通常是母亲和三个孩子，如此组所示），底款花纹押，碗径9.6厘米，重74克；碟径13.8厘米，重101克，贺拉斯·高登旧藏。

图 58：雍正时期出口荷兰市场的粉彩碗碟，中心天使纹和金字是荷兰当地画师按顾客要求后加的，碗径 7 厘米，重 30 克；碟径 11.4 厘米，重 42 克。

图 59：雍正时期粉彩三马碗碟，碗径 6.8 厘米，重 32 克；碟径 10.8 厘米，重 46 克。

图 60：雍正晚期粉彩花卉碗碟，碗径 7.3 厘米，重 41 克；碟径 11.7 厘米，重 62 克。

图 61：乾隆时期粉彩田园放牧碗碟三个，左碗径 7.8 厘米，重 45 克；右碗径 7.9 厘米，重 45 克；碟径 12.2 厘米，重 65 克。

图 62：乾隆早期（1745年）英国东印度公司雇员迈克尔·巴恩韦尔（Michael Barnwell）订制的纹章瓷杯碟，茶杯/咖啡杯高 6.4 厘米，重 87 克；碟径 11.5 厘米，重 48 克，埃力诺·高登旧藏。

图 63：嘉庆晚期纹章瓷碟杯。左碟为嘉庆末期（1820年）英国拉德克利夫（Radcliff）家族纹章瓷碟，径 13 厘米，重 122 克，穆格旧藏；右杯为嘉庆后期（1815年）英国吉尔伯特（Gilbert）家族纹章瓷杯，高 6.5 厘米，重 132 克。

图 64：康熙晚期五彩花鸟碗，径 8 厘米，重 56 克。

图 65：雍正或乾隆时期粉彩轻舟寻花碗，径 9.7 厘米，重 115 克。

图66：乾隆中期（1755年）英国阿尔伯马尔伯爵（Earl of Albemarle）乔治·吉宝（George Keppel）订制的纹章瓷茶杯／咖啡杯，高6.5厘米，重118克，穆格旧藏。乔治·吉宝在1754年继承爵位，1762年率领英国军队从西班牙手里夺得古巴的哈瓦那（Havana），后以此换得美洲的佛罗里达，是英国在"七年战争"中最大的战果之一。

图67：康熙晚期五彩莲花鸳鸯碟，径13厘米，重80克。

图 68：雍正时期胭脂紫地粉彩碟，径 11.4 厘米，重 49 克。

图 69：乾隆时期虾蟹碟，径 13.4 厘米，重 66 克。

造就英国国运的纹章瓷

图70：乾隆时期金红彩碟和碗盖（非同套），碟径11.4厘米，重59克；碗盖为18世纪上半期凤穿牡丹纹，径9.6厘米，重52克。

蛀牙、肥胖、痛风。在这个氛围中，荷兰医生布兰卡特（Blankaart）提出恰如其分的饮食不仅是保持身体健康的一种手段，且是展示个人价值观的一种方式。这里提到的恰如其分是一种平衡。比如说，糖的甜是一种美好，但太甜了就成了一种危险。茶的苦是健康的，但过度的苦会令人反胃。所以，茶里放糖是开心的甜混合着健康的苦，它表达着这样一种价值观：有健康但没必要太过清苦，有甜美但不至于腐蚀内心。如果说这种甜美（享乐和感性）和健康（克制和理性）平衡的价值观促成了17世纪晚期英国茶里放糖的习俗的话，那么类似的价值观也推动了18世纪英国订制中国纹章瓷的风气。纹章瓷精致昂贵，是奢华和财富的代表；然而从订制到收到纹章瓷需要数年的等待，这是节制和耐心。奢华和财富是用节制和耐心换得，这难道不是远洋海贸的目的和过程吗？茶和纹章瓷的流行代表着英国上层和中产将海贸融于生活的世界观，由此造就了国运。

18世纪是中国纹章瓷的全盛时期，订过或使用过中国纹章瓷的权贵包括法国国王路易十五

图 71：乾隆中期（1750-1755 年）普鲁士亚洲公司订给腓特烈二世的纹章瓷盘，径 23.2 厘米，大英博物馆藏品，入藏号 Franks.606。

（Louis XV）、普鲁士国王腓特烈二世（Friedrich II）（图 71）、俄国女皇叶卡捷琳娜二世（Екатерина II）（图 72）、俄国沙皇亚历山大一世（Александр I）（图 73）、丹麦国王弗雷德里克五世（Frederick V）、伊朗国王纳赛尔丁·沙（Naser al-Din Shah）（图 74）、英国首相沃波尔（Walpole）、英国首相老皮特（William Pitt）、英国首相菲茨罗伊（FitzRoy）（图 75）、英国首相坦普尔（Temple）（图 76）、美国总统华盛顿（Washington）（图 77）、美国总统杰斐逊（Jeffeson）、美国总统格兰特（Grant）、瑞典首相泰辛（Tessin）（图 78）、葡萄牙首相德阿泽维多（de Azevedo）（图 79）。20 世纪后期和本世纪初，英国瓷器专家大卫·霍华德花了 30 年时间编著了《中国纹章瓷》两卷，收录了 4000 余种出口大不列颠的中国纹章瓷，考证严谨，达到了前所未有的高度，将来恐怕也难以超越。笔者在收藏中，也留意《中国纹章瓷》中原物的收藏，陆续收集了一些（图 80、图 81、图 82、图 83、图 84），以示对大卫·霍华德《中国纹章瓷》的敬意。

对瓷器的鉴赏而言，纹章瓷有多重意义。比如图 85 和图 86 中的纹章瓷，展示了粉彩发展的轨迹。图 85 康熙晚期（1722 年）英国兰伯特（Lambert）男爵订制的纹章瓷，被认为是外销器

图72：左为乾隆早期（1745年）俄国女皇叶卡捷琳娜二世纹章瓷盘，径23厘米，纽约大都会博物馆（Metropolitan Museum of Art）藏品，入藏号59.90.2；中为乾隆晚期（1785年）俄国女皇叶卡捷琳娜二世纹章瓷盘，径19.1厘米，纽约大都会博物馆藏品，入藏号1970.220.3；右为乾隆早期（1745年）叶卡捷琳娜父亲安哈尔特·采尔布斯特公爵的纹章瓷盘，加拿大蒙特利尔美术博物馆（Montreal Museum of Fine Arts）藏品。

中最早出现不透明粉红釉的例子之一。兰伯特男爵是英国南海公司高管，于1723年2月去世。而图4的康熙晚期（1720年）英国伦敦德里男爵纹章瓷中未出现粉红釉（比如开光中的冠用紫色平涂加深，未用玻璃白）。粉彩在外销瓷中最早出现在康熙末期。图86中三盘的年份，从左到右分别是雍正早期（1724年）、雍正中期（1729年）、雍正晚期（1732年）。从用彩看，左盘（雍正早期）只用了粉彩中的少量白釉；中盘（雍正中期）粉红已分浓淡，但尚有五彩硬朗之感；右盘（雍正晚期）粉彩娇艳、釉色柔美。图87雍正中期（1730年）墨彩盘是墨彩风景的佳作，遗憾的是风景正中被徽章所覆盖[11]。图88是雍正晚期（1733年）李（Lee）等家族纹章瓷盘，盘边缘绘广州和伦敦的贸易海岸，其精细度难得。图89为乾隆晚期（1790年）克尔（Ker）和马丁（Martin）家族纹章瓷暖盘，中心人物象征希望，边圈上为亚洲、下为美洲、左为欧洲、右为非洲，图案浪漫而进取。图90为嘉庆时期（1805年）英国沃特豪斯（Waterhouse）家族纹章瓷汤盘，其边圈绘珠江上的岛屿和航运，灿烂而有活力。图91、图92的徽章分别绘有西方喜爱的人鱼、独角兽。有特色的纹章瓷数量很多，有待有心人深入发掘、整理和研究[12]。

图73：乾隆晚期（1785年）英国费克托尔（Fector）和莱恩（Lane）家族纹章瓷盘，径18.3厘米，重289克。费克托尔于1814年6月6日在家中用这套瓷器宴请过俄国沙皇亚历山大一世。

图74：同治时期（1865年）伊朗卡扎尔王朝第四任君主纳赛尔丁·沙（Naser al-Din Shah）订制的中国粉彩大碗，径40.6厘米，绘有纳赛尔丁·沙和他两个儿子的像。图片来自 Daniel Nadler, *China to Order: Focusing on the XIXth Century and Surveying Polychrome Export Porcelain Produced During the Qing Dynasty, 1644-1908*（Vilo Intl, 2001）, pp.168-169。

图75：乾隆中期（1769年）英国菲茨罗伊大公（Fitz Roy）和伊丽莎白·罗茨利（Elizabeth Wrottesley）结婚时所订纹章瓷盘，径23.4厘米，重372克。

图76：乾隆晚期（1785年）英国第二代巴麦尊子爵（Viscount Palmerston）所订纹章瓷茶杯/咖啡杯，后传给长子英国首相亨利·坦普尔，杯高6.5厘米，重85克。

图77：乾隆中晚期（1784-1785年）美国总统华盛顿购买的辛辛那提协会纹章瓷盘，美国辛辛那提协会藏品。

图78：乾隆中期（1755年）瑞典首相泰辛（Tessin）订制的纹章瓷盘，径24厘米，重381克。

图79：嘉庆时期（1800年）葡萄牙首相德·阿泽维多（De Azevedo）订制的纹章瓷茶具，其天使纹饰纹章由意大利雕刻师弗朗西斯科·巴托洛齐（Francesco Bartolozzi）装饰。左碟径14.2厘米，重132克；右碟径14.2厘米，重116克；茶碗径9厘米，重95克。三件均为海伦娜·伍尔沃斯·麦卡恩（Helena Woolworth McCann）旧藏。

图80：康熙晚期（1722年）罗素（Russell）和厄恩勒（Ernle）家族纹章瓷盘，径22.7厘米，重344克，大卫·霍华德著《中国纹章瓷》第195页原物图。

图81：左为雍正晚期（1735年）英国里奇（Rich）和史密斯（Smythes）家族纹章瓷壶，高17厘米，重362克，大卫·霍华德著《中国纹章瓷》第247页原物图；右为雍正晚期（1735年）英国哈伍德（Harwood）家族纹章瓷碟，径11.6厘米，重45克，大卫·霍华德著《中国纹章瓷》第2卷第174页原物图。

图82：乾隆中期（1770年）阿盖尔公爵（Duke of Argyll）粉彩大碗，径23.4厘米，重853克，大卫·霍华德著《中国纹章瓷》第2卷第384页原物图。

图83：左为乾隆晚期（1785年）大不列颠皮克（Peake）家族纹章瓷马克杯，高13.3厘米，重636克，大卫·霍华德著《中国纹章瓷》第2卷第501页原物图；右为乾隆中期（1770年）马丁（Martin）和达林（Dalling）家族纹章瓷茶杯/咖啡杯，高5.8厘米，重90克，大卫·霍华德著《中国纹章瓷》第430页原物图，埃力诺·高登（Elinor Gordon）旧藏。

图84：左为乾隆中期（1775年）苏格兰罗素家族（Russell of that Ilk）纹章瓷碟，径11.9厘米，重71克，大卫·霍华德著《中国纹章瓷》第655页原物图；右为乾隆晚期（1785年）麦克沃思（Mackworth）和埃文斯（Evans）家族纹章瓷碟，径12.8厘米，重102克，大卫·霍华德著《中国纹章瓷》第2卷第524页原物图。

图85：康熙晚期（1722年）兰伯特（Lambert）家族纹章瓷大盘，宽41厘米，重1932克。

图86：左为雍正早期（1724年）塞尔（Sayer）等家族纹章瓷汤盘，径22.5厘米，重369克；中为雍正中期（1729年）霍华德（Howard）等家族纹章瓷汤盘，径22.5厘米，重357克；右为雍正晚期（1732年）佩恩（Payne）家族纹章瓷盘，径23厘米，重317克。

图 87：雍正中期（1730 年）埃尔威克（Elwick）家族纹章瓷汤盘，径 22 厘米，大英博物馆藏品，入藏号 Franks.1410.a。

图 88：雍正晚期（1733 年）李（Lee）和阿斯特利（Astley）家族纹章瓷盘，径 25 厘米，华盛顿与李大学（Washington and Lee University）博物馆藏品，入藏号 1975.1.6。

图 89：乾隆晚期（1790 年）克尔（Ker）和马丁（Martin）家族纹章瓷温盘，长 27.8 厘米，重 1670 克。

图 90：嘉庆时期（1805 年）沃特豪斯（Waterhouse）家族纹章瓷粉彩汤盘，径 25.4 厘米，重 532 克。

图91：中为乾隆中期（1765年）大不列颠米雷斯（Meares）和唐斯（Downes）家族纹章瓷汁盅，长23.5厘米，重486克。

图92：乾隆中期（1765年）英国诺特（Knott）家族纹章瓷粉彩汤碗托，长19厘米，重295克。

1 皮特订制的中国纹章瓷是英国最早的五套之一，彩绘类中最早的一套。

2 荷兰东印度公司在18世纪末倒闭。如果英国东印度公司没有转型的话，可能也面临同样的结局。在英国军事征服印度时，英国东印度公司作为贸易公司已面临破产。1767年，英国东印度公司贸易赤字为164.2156万英镑，如果加上在印度战争的借款，那就是520万英镑。但英国不认为战争贷款应由英国承担，而要求东印度公司印度分支自己解决。到了1770年后，英国东印度公司逐步转型为以在印度收税为主的海外殖民帝国。

3 Howard, *Chinese Armorial Porcelain*, p.9, 887.

4 "It is evident that nothing so much contributes to promote the public well-being as the exportation of manufactured goods and the importation of foreign raw material." Anwar Shaikh, *Globalization and the Myths of Free Trade*（Routledge, December 21, 2006）, p.27.

5 William H. Ukers, *All about Tea. 2 vols.*（New York: Tea and Coffee Trade Journal, 1935）, vol 1. p.1, 77.

6 沃波尔1722年税务改革，取消一切英国货物的出口税。见William J. Ashworth, *Customs and Excise: Trade, Production, and Consumption in England, 1640-1845*（Oxford University Press, October 9, 2003）, p.37。

7 Howard, *Chinese Armorial Porcelain*, p.70.

8 Woodruff D. Smith, "Complications of the Commonplace: Tea, Sugar, and Imperialism," *The Journal of Interdisciplinary History*, vol. 23, no. 2（Autumn, 1992）, p.262.

9 Markman Ellis, Richard Coulton, and Matthew Mauger, *Empire of Tea: The Asian Leaf that Conquered the World*（Islington, United Kingdom: Reaktion Books, 2015）, p.36.

10 东印度公司在伦敦年度销售总额如下：1762年：186.5109万英镑；1768年：270.5349万英镑；1769年：352.6353万英镑。相应年份茶叶的销售总额如下（不含买家另付政府的税）：1762年：127.2306万英镑；1768年：174.1483万英镑；1769年：192.7002万英镑。以上数据来自1845年东印度公司提交英国国会的从1740年开始历年茶叶销售报告。https://qmhistoryoftea.wordpress.com/resources/tea-sales/。

11 笔者就此和安吉拉有过辩论。笔者认为纹章布在空白的中心合适，但在有中心风景图案的设计中，纹章放在边圈更美观。安吉拉认为纹章放在中心是常规，就算打断图案也无不可。

12 关于纹章瓷的更多情况，参见广州博物馆编著《广州定制——广州博物馆藏清代中国外销纹章瓷》，文物出版社2017年版。

本章主要参考图书：
Woodruff D. Smith, *Complications of the Commonplace: Tea, Sugar, and Imperialism.*

第四章

洛可可风格和中国粉彩画瓷

路易十四晚期的西班牙继位战争不但耗空了法国的财库,而且令法国欧洲第一大国的地位在军事上和经济上被英国动摇。以国家为荣的法国人民心中弥漫着失落和迷茫,急需新价值、新生活来平缓伤悲。出生于瓦匠家庭、早年学过绘画的华托(Jean-Antoine Watteau)在18岁只身来到巴黎,同众多揣着金色梦想的创业者一样,等待着命运的安排。他的绘画天才很快得到了画家吉洛(Claude Gillot)和室内装潢师奥德朗(Claude Audran)的赏识。但初来巴黎经历的贫困生活使他身体长期衰弱而终致英年早逝。他没能赢得梦寐以求的法国皇家绘画和雕塑学院的"罗马大奖"(Prix de Rome),但被学院接纳为副院士、院士,并在晋级过程中创作了《西泰尔岛的巡礼》(L'Embarquement pour Cythère)这幅不朽名作。他是位多产多销的画家,新兴的巴黎中产银行家和金融家买了他很多画作,他却在罗的"密西西比泡沫"中输掉了大部分积蓄。

18世纪初,在法国皇家绘画和雕塑学院,延续着文艺复兴时期的设计和色彩孰者为重的争论。主要评论家之一的罗杰·德·皮尔斯(Roger de Piles)认为色彩的震慑力才是最主要的,集中体现在对肉体的表达,代表作品是佛兰芒巴洛克画家鲁本斯(Peter Paul Rubens)作品《喝醉的西勒努斯》(The Druken Silenus)中的裸女(图93)。皮尔斯这样评论此女:"该女子和她小孩的色泽是如此逼真,让人可以轻易想象如果拉起她的手,就能感受到血的热度。"[1] 皮尔斯又提出"一体原则"(tous ensemble),肉体只有布局在图像的中心,加上光影辅助,才具有最强烈的效果,比真实更佳[2]。华托虽然大量临摹鲁本斯,也以色彩为重,但和皮尔斯的两大原则反向而行。华托很少画裸体,但他通过细腻的笔触表达的女性衣饰的质感之美在同代画家中无人可及(图94)。和皮尔斯提倡的"一体原则"的高光中心相反,华托想要表达的是无中心的历程和意境,想象和诗意替代了比真实更美的肉体像。在《西泰尔岛的巡礼》中(图95),无论是把场景理解成去往小岛还是离开小岛[笔者认为是离开小岛,因为小岛上三组人物从右向左递进式地表达女士不愿离开(最右),男士将女士拉起(中间),女士回目流连——这是离开小岛的递进布局],图中并无高光的中心点,而是表达诗意的旅程:欢乐已成追忆,梦想仍在远方。战争的迷茫和悲伤也时常反映在华托的画中:新兵赴营途中的无向性反映着内心的迷茫(图96);表演的女孩有着和年龄不符的悲伤(图97)。在华托最后的

图93：鲁本斯《喝醉的西勒努斯》局部，德国老绘画陈列馆（Alte Pinakothek）藏品。

图94：华托《西泰尔岛的巡礼》局部，巴黎卢浮宫（Musée du Lonvre）藏品。

画作《吉尔桑的招牌》（L'Enseigne de Gersaint）（图98）的右半张中，只露背面的老年夫妇在观赏裸体画，露侧脸的中年夫妇似在看化妆品的效果。左半张中，年轻爱侣以舞步进店，女子看着店员大刀阔斧地将路易十四的画像打包，而露正脸的男子身后开的门指示着路易十四之后时代的新方向。华托揣着对新方向的期待辞世，他不知道新方向将包括他自己，他将作为洛可可风格（Rococo）的开创者载入史册，他笔下想象的女士服饰将成为巴黎女性的时尚样本。

图 95：华托《西泰尔岛的巡礼》，巴黎卢浮宫藏品。

图 96：华托《新兵入团》（Recruits Going to Join the Regiment），纽约大都会博物馆藏品。

图97：华托《跳舞女孩》（The Dance），柏林国家博物馆（Staatliche Museen zu Berlin）藏品。

图98：华托《吉尔桑的招牌》，柏林夏洛腾堡宫（Charlottenburg Palace）藏品。

如果说路易十四时期盛行的庄重富丽的巴洛克装饰风格（Baroque）使人敬畏和仰慕，那么洛可可风格的主旨就是自我愉悦。路易十四去世后，摄政王奥尔良公爵面临着两大难题：一是如何削减国家因多年战争累积的巨额债务；二是如何防止叛乱及把王权平安过渡给路易十五。也许为了防止叛乱，也许为了自己的享乐倾向，摄政王推动了从庄重的巴洛克风格到轻快的洛可可风格的转变。摄政王把政府从凡尔赛宫挪至巴黎皇家宫殿（Palais-Royal），大家的居所变小了，然而室内装潢却更为精致。摄政王不喜欢历史题材的雄伟大件，而偏爱抬眼可见、上手可玩的精细和完美的小件，比如珠宝首饰盒、金银器、中国风工艺品、甜美的女士画像（例如鲁本斯、提香的画作）等。他在巴黎皇家宫殿的艺术品收藏对公众有选择性地开放，让艺术家们学习和讨论。在摄政王的带头效应下，巴黎的中产阶级开始购买具有新风貌的艺术品和装饰品。这些逐步扩展和成熟的装饰新风在沙龙中越来越流行，后在19世纪起被称作洛可可装饰风格（Rococo）[3]，其和巴洛克旧风的区别为：力度转为嬉戏，夸张的理性变成亲密的感性，雕塑重优雅而不是雄伟，家具和器件的直线和直角被弧线和弧度所取代，重彩油画让位于色调更淡、色彩更亮的粉彩画。

摄政王用钱推动、用地位引领了洛可可的流行和发展，但促成艺术家们洛可可式审美的却是法国女性办的沙龙。尼农·德·兰克洛斯（Ninon De Lenclos，图99）是路易十四时期最前卫的社会名媛，她提倡无论男女，最基本的社交面貌是"友好"（amiable）[4]。兰克洛斯年轻时就在客厅里办聚会，参加者多为社会高层，遇到争执她总能通过个人魅力调停。聚会中曾有各种反当时权臣黎塞留主教（Cardinal Richelieu）的密谋，但没有一个被实施。黎塞留对这些密谋一清二楚，但一向以严厉出名的他却没有干预聚会。黎塞留的看法是："他们如果能找到娱乐，就不是政府的威胁。"这个政治立场后来被路易十四继承和发展，一直延续到拿破仑："我们必须娱乐人民，这样他们就不会干涉我们对政府的管理。"[5] 兰克洛斯在1657年开办沙龙，邀请文艺界人士、政要及太太们参加。她以友好的态度、机智优雅的谈吐、不亚于男士的聪明和博学，营造了一个精致、轻快、有礼、有节制的谈话氛围。

图99：兰克洛斯像

圣西蒙公爵（Saint-Simon）参加过沙龙后这样说："她那里的社交是有用的。在她那里从无赌博、没有大声笑闹、没有意气争执、没有宗教和政见之争、只有优雅和机智……即使谈到男女新闻，也不涉及绯闻。"她的名声传到宫里，路易十四也起了好奇心，他通过第二个妻子曼特农夫人（Madame de Maintenon）将兰克洛斯唤入宫中，先躲在帘后听曼特农夫人和兰克洛斯交谈，确定谈话有意思，再出来介绍自己，认可了兰克洛斯。

在沙龙的这些小小居所，法国经历着前所未有的尝试。女人向男人学习本专属于男性的聪明才智、广博见识，而男人效仿本属于女性的良好品味、优雅措词、彬彬有礼。不管男性特质和女性特质的区别是天生的还是如波娃（Simone de Beauvoir）所言由社会塑造的[6]，两性特质的兼有无疑在男性主导的封建社会中为其中的女性特质戴上了耀眼的桂冠。再深入地考虑，兼有两性特质的氛围无疑是培养理性之光的温床：任何思想的进步都得益于友善的讨论氛围和更多人（比如女性）的参与。如果侵略和反侵略靠的是武力，那么和平岁月的光辉便是理性——通过女性优雅和男性智力的结合，法国在1660—1780年这百余年国内和平的岁月中达到了文明的高峰。

兰克洛斯活了85岁，比大多数同代人都活得长。在遗嘱中，她只留了10个货币单元（每单元相当于3法镑）用作她自己的葬礼，而把1000法镑都留给她的律师的11岁儿子买书学习。兰克洛斯无疑特别看好这个男孩，而男孩买书学习长大后，成为了法国启蒙运动的代表人物伏尔泰。

兰克洛斯受她父亲影响，接受古希腊哲学家伊壁鸠鲁（Epicurus）享乐主义的通俗理解：感官上的愉悦胜于意义感和想象中的快乐。她和其他沙龙女主人一样，在室内装潢上，力求感官上先愉悦自己，继而愉悦来客。这种悦己悦人的哲学推动了洛可可风格的形成：装饰艺术家们把引起感官愉悦的精细加工作为追求的艺术特征之一。

洛可可式的愉悦是一种让人放松的愉悦。油画和粉彩画画种难分高下，但在摄政王时期，粉彩的肖像画更符合时代需求：粉彩画成本低、效率高（粉彩画不像油画需要较长时间晾干）。其柔美的色彩按摩着眼球，带来轻松的氛围。在1720-1721年间，威尼斯的粉彩肖像画家罗萨尔巴·卡列拉（Rosalba Carriera）来到巴黎，给华托、诸多法国贵族包括国王、摄政王等画了粉彩肖像，并被法国皇家学院接受为院士。自此，粉彩肖像画开始在法国流行，流行导致竞争。康坦·拉图尔（Maurice Quentin de la Tour）是18世纪上半期法国最负盛名的粉彩肖像画家，他粉彩画中色彩的细腻为油画所不及，同行油画家都忌惮他。但这时出现了一个竞争者让-巴蒂斯特·佩罗诺（Jean-Baptiste Perronneau），也擅画粉彩肖像，得到了不少贵族的赏识。拉图尔坐不住了，怎么办呢？用语言批评打击是没有用的，大家需要用自己的眼睛感受。于是他心生一计：没有对比就没有伤害。他先出高价请佩罗诺给自己画了幅肖像。然后他自己也画了同样的一幅，通过画家夏尔丹（Jean-Baptiste-Siméon Chardin）将两幅肖像画并排放在沙龙展览中。比较后，所有人都认为是其中一幅更好，而那幅正是拉图尔自己画的，也即是图100的左图。自此拉图尔奠定了其肖像画无可动摇的地位。拉图尔画像要价按人而定，他对蓬帕度夫人（Madame de Pompadour）画像（图101）的要价是4.8万法镑[相当于装潢巴

瓷与钻
Porcelain and Diamond

图100：左为拉图尔自画像，美国诺顿西蒙美术馆（Norton Simon Museum）藏品；右为佩罗诺画的拉图尔像，法国安托万·莱库耶博物馆（Musée Antoine Lécuyer）藏品。两图相较，笔者以为右图中外套的质感、蕾丝的通透、人物气色均不如左图。右图神情傲慢，而左图智慧谦让。

黎圣母院画作——包括前辈大师勒苏厄（Eustache Le Sueur）、勒布伦（Charles Le Brun）的杰作——总酬劳的四倍］。对艺术最慷慨的蓬帕度夫人也吃不消了，后来付了半价2.4万法镑。

不知是巧合还是有某种默契，当法国开始流行粉彩肖像画后，几乎同时期的中国（1722年）在外销瓷中开始出现粉彩装饰[7]。通过以玻璃白打底以及用玻璃白渗入彩料，中国创制了柔和的具有粉质感的彩釉，能以浓淡变化写实。如果康熙五彩是体现半透明珐琅质的晶莹，那么粉彩最大的特色便是表达花朵的娇艳，和之前五彩瓷器中矾红平涂的花朵无疑是天壤之别。凭着粉彩的创新和不断改良，中国彩瓷的订制和销售终于从18世纪二三十年代起彻底超过了日本彩瓷，夺回了因康熙海禁而失去的欧洲市场。同欧洲彩瓷相比，画工各有特色，但从质感而言，应是中国的更佳。

此外，中国粉彩外销瓷的发展还和欧洲家具木料的变化相关。18世纪20年代，英国开始从加勒比群岛大量进口桃花心木（mahogany），其色质类似于中国的红木。其后百年，桃花心木在欧洲逐渐流行直至成为最重要的商业木材，桃花心木家具取代了先前流行的核桃木橱柜等。从装饰效果看，

洛可可风格和中国粉彩画瓷

图 101：拉图尔的蓬帕度夫人画像，巴黎卢浮宫藏品。

核桃木暗、坚、清冷，与康熙五彩瓷器十分相配，见图102。而桃花心木艳、油润、温暖，配五彩瓷器或有冲突，但和粉彩瓷器特别相合，见图103。

18世纪的粉彩外销瓷中有一类特殊订制的画瓷，依照欧洲画家的名作或版画摹本而绘，是当时贵族或中产洛可可式室内装潢的特色器件。这些陈列于橱柜的装饰彩瓷，兼具欧洲的场景人物以及中国的伦理价值。比如图104的彩盘，描绘的是希腊神话故事"帕里斯的选择"（Judgment of Paris），西画中全方位表达的人物竞争在瓷盘中只在神情间显露，而瓷盘中人物的布局是和谐的而不是冲突的。这个神话是对西方文化影响深远的特洛伊战争（Trojan War）的一个序曲：神为了调查最新的民意，找到了特洛伊的牧羊王子帕里斯（盘中坐着的），要他在三个女神中选一个：天后赫拉（身边有孔雀，代表等级和秩序）、爱神阿佛洛狄忒（中间正面女像）、战争和智慧之神雅典娜（戴盔持矛）。结果帕里斯把金苹果给了爱神，意指他的政治倾向，其后导致了赫拉和雅典娜支持的希腊和阿佛洛狄忒支持的特洛伊王国（Kingdom of Troy）的战争。其前因后果是这样的：那时正值黄金岁月，希腊诸岛农业和手工业发展，人口和商贸增多。而另一在特洛伊的王国控制了海上运输的要塞（赫勒斯滂海峡），因过境海贸商船的税收而暴富。生产和贸易发展后，希腊诸岛都想要更多的钱和名气。在少年时曾遭雅典国王绑架，斯巴达公主海伦拥有美貌的盛名。海伦的后父斯巴达国王廷达瑞俄斯（Tyndareus）公开向所有希腊岛屿招亲，希腊的俊杰都去竞争，其中包括统领人数最多的阿伽门农王（Agamemnon）兄弟、第一勇士阿喀琉斯（Achilles）、智勇双全的奥德修斯（Odysseus），等等。最后阿伽门农王主动退出角逐而支持弟弟，以联合实力胜于他人而获胜。在竞争过程中，大家互相恶言或恶行相向，无论是斯巴达国王廷达瑞俄斯还是政治实力较弱者比如奥德修斯都害怕以后遭人报复。于是，奥德修斯提议求亲者大联合。奥德修斯说，既然大家都是为爱海伦而来，而事情已经了断，将来我们必须联合起来保护海伦。如果海伦有事，我们必须一起出动解决。提议得到大家拥护，由此海伦得到了希腊明珠的美誉，也即是爱神在世间的明星代表。但这个声誉其后导致了帕里斯悲剧性的选择。特洛伊因为幸运眷顾，海贸税费来得太容易，所以面临着王室的过度扩张：附近的部落竞相把女儿嫁给特洛伊国王，国王的儿子很快达到50多个。小孩生得太多太快，开销急剧增长，王室随即加大了对平民的挤榨。到了帕里斯出生时，平民已到造反的边缘，所以反映民意的祭司说帕里斯有灾兆，不是弄死就是扔掉。结果王室妥协，把他给城外一个牧羊人领养。帕里斯从小牧羊，像平民一样劳动生产。等到帕里斯长大，他被重新确认为王子接回城里。大家本以为这个新生力量会带领大众生产致富，谁料帕里斯却抢了希腊明珠海伦私奔，因为当时抢"明珠"所得的声誉和人气更胜于治国有方的国王或者战争英雄。另一边，受辱的希腊阿伽门农王兄弟开始行动，先是外交讨还海伦，条件没谈拢。于是，他们想到了奥德修斯以前的提议，准备组织一支史无先例的联军舰队攻打特洛伊，抢人抢财富，或许后续还有效仿先辈英雄乘坐阿耳戈号船（Argo）杀入赫勒斯滂海峡获取金羊毛的类似想法（即抢夺赫勒斯滂海峡的控制权和黑海周边的肥沃土地）。他们派使者去通知每个岛，要大家遵守协议一起去。大岛愿意去的有一些，但

洛可可风格和中国粉彩画瓷

◇

图102：英国菲利普·卢卡斯（Phillip Lucas）购买并照18世纪早期风格重新装潢的建于1725年的伦敦东区的联排别墅中的房间一角，该别墅最初是法国来英国避难的胡格诺派（Huguenot）织工之家。橱顶是康熙或康熙式样的五彩器。图片来源：https://www.houseandgarden.co.uk/gallery/philip-lucas-house-spitalfields。

小岛上的奥德修斯不想去：青壮年如果去打仗了，谁种地养畜？何况战果难料，就算能抢到东西，也未必能抵过生产。所以奥德修斯先是拖延，后来使者亲自去岛上催他，他就装疯；使者要杀他小孩时，他才不得不去。联军会合，准备出海，但正值风浪不能前行。一些不愿去的人借机逼奥德修斯想个办法不去，说当时是你这个提议把我们拖进来，所以现在你必须想个办法让这事作罢。奥德修斯只好暗通祭司，让祭司说，只有阿伽门农王把女儿做祭品，风浪才会平息。而他们谁都知道阿伽门农王最爱他的女儿，所以大家觉得这样就可以阻止阿伽门农王了。可没料到的是，海伦封明珠后，阿伽门农王已下不来台了。一方面，明珠海伦私奔，是阿伽门农王兄弟的耻辱。要雪耻，光海伦回来不够，还要额外的光环，比如史无先例的联军胜利。更重要的是，阿伽门农王兄弟和斯巴达联姻后，财富并无增长，所以想借机染指特洛伊的"横财"。阿伽门农王亲手杀了自己的女儿，立为战争的投名状。至此，大家没了退路：本来师出有名，但掠夺心却将之演变成了仇恨和贪婪。希腊联军围困特洛伊十年，最终

图103：英国乔治二世时期（1730-1769年）苏格兰弗雷泽城堡（Castle Fraser）的桃花心木橱，里面放置订制的乾隆时期中国粉彩纹章瓷。图片来源：https://www.nts.org.uk/stories/facing-our-past-the-difficult-history-of-mahogany。

通过木马屠城赢得胜利。特洛伊的财富在十年战争中耗尽，城市被毁。而希腊生产荒废、抢到的东西不及预期十之一二。阿喀琉斯、阿伽门农王在战争中途或归途死亡；奥德修斯九死一生回到自己的小岛，却还要设法对付小岛上追星、不正经干活的新生一代。

今天，我们在欣赏这类粉彩画瓷时（图104—图115），不禁会联想到二百多年前它们在洛可可大宅中展现的风采以及它们主人的地位。那么，当年订制、购买、欣赏它们的主人是否也曾想过远在万里、不知其名的卑微的中国手工艺制作者？

洛可可风格和中国粉彩画瓷

图104：左为乾隆中期（1760年）粉彩盘，主题为"帕里斯的评判"，径24.1厘米，重357克；右图是英国画家桑希尔（Thornhill）所画的《帕里斯的评判》，英国兰卡斯特之家（Lancaster House）藏品。虽然左盘外圈贝壳饰1750年即有，但盘心半圆饰在纹章瓷中被断为1760年。

图105：左和中为乾隆中期（1765年）粉彩盘，主题为"法厄同的坠落"，径23厘米，重369克；右为荷兰版画家小德·帕斯（Crispijn Van De Passe II）的作品《法厄同驾太阳车》（Phaethon drives the solar car），荷兰国立博物馆（Rijksmuseum）藏品，入藏号RP-P-2014-34-15。

图106：左为乾隆中期粉彩舞女茶杯，高6.6厘米，重95克；中为华托油画《跳舞女孩》；右为法国科钦（Charles-Nicolas Cochin）的版画，历史美术博物馆（Musée d'Art et d'Histoire）藏品。不管是在华托的原画还是科钦的版画中，这个早熟的女孩都坚定而忧伤。

图107：中为乾隆早中期（1750年）粉彩"离开爱欲之岛"盘，径23厘米，重389克；左为版画，右为华托油画《西泰尔岛的巡礼》。

洛可可风格和中国粉彩画瓷

图108：左为乾隆早期（1740年）粉彩"田园之爱"盘，径23厘米，重358克；右为仿法国画家布歇（Boucher）田园画的版画。

图109：左图为乾隆中期（1775年）粉彩"摘樱桃"碗碟：左碟径13.3厘米，重124克；中碗径14厘米，重222克；右碟径13.3厘米，重139克。该图样曾在法国流行，参见右图布歇油画，出自伦敦佳士得拍卖2013年7月2日第36号。

瓷与钻 Porcelain and Diamond

图110：左为乾隆中期粉彩"欧罗巴和公牛（宙斯）"（Europa and the Bull）碟，径11.9厘米，重69克；右为比利时画家凡·戴克（Van Dyke）关于这个题材的画作。霍华德和艾尔斯认为此组粉彩的样本是手绘画而非版画，见 Howard and Ayers, *China for the West*（Sotheby Parke Bernet, January 1, 1978），p.338。

图111：乾隆早中期(1750年)粉彩"丽达和（宙斯变的）天鹅"（Leda and the Swan）茶碗，径7.9厘米，重45克，Francois Hervouët et Yves Bruneau, *La porcelaine des compagnies des Indes, à decor occidental*（Flammarion, Paris, 1986），p.301, #13.39 原物图。法国画瓷专家埃尔武埃（Hervouët）旧藏，编号为3，说明其为埃尔武埃最早的藏品之一。

洛可可风格和中国粉彩画瓷

图 112：左为乾隆中期（1755 年）胭脂红钓鱼碗碟：碗径 7.1 厘米，重 36.5 克；碟径 11.9 厘米，重 66 克。右为荷兰版画家 C J Visscher de Jonge 的 *Le Pêcheur*，依 16/17 世纪的荷兰画家亚伯拉罕·布鲁马特（Abraham Bloemaert）的画作而制。

图 113：左为乾隆晚期（1795 年）"玩弹珠"小碟，径 9.4 厘米，重 58 克；右图为美国伍斯特艺术博物馆（Worcester Art Museum）藏品（入藏号 1926.1570），其为意大利雕刻师弗朗西斯科·巴托洛齐（Francesco Bartolozzi）1787 年照英国画家威廉·汉密尔顿（William Hamilton）的画作所制的版画。霍华德和艾尔斯认为此套瓷茶具的原样是依照巴托洛齐版画而重画之画稿（见霍华德和艾尔斯著《为西方制造的中国瓷》，第 291 页）。此类茶具尺寸较小，是孩童所用，所见四个图样设计以此"玩弹珠"为最佳。

图 114：左为雍正或乾隆时期（1730-1740 年）粉彩盘，径 22.3 厘米，重 378 克。瓷盘中人物，男神常被断为阿波罗（Apollo）（见大英博物馆藏品入藏号 1963.0422.22：https://www.britishmuseum.org/collection/object/A_1963-0422-22），女人一说为达芙妮（Daphne）（见 Rob Michiels 拍卖 2024 年 6 月 17 日 277 号：https://www.rm-auctions.com/en/asian-arts-3/5558-a-chinese-famille-rose-mythological-plate-with-apollo-and-daphne-yongzheng）。笔者觉得论据不足，因为表现阿波罗和达芙妮的画通常是达芙妮局部化树，而此盘没有这个特征。比较此盘和法国新古典主义画家杜西（Louis Ducis）画作《奥菲厄斯和欧律狄刻》（右图），我觉得盘中所绘更可能是阿波罗的儿子奥菲厄斯（Orpheus）和奥菲厄斯的妻子欧律狄刻（Eurydice）。奥菲厄斯是音乐神、竖琴神，瓷盘中琴符合其身份，而头顶露出的弓是琴弓非射弓[8]。

洛可可风格和中国粉彩画瓷

图115：左为乾隆早期（1740年）四元素系列粉彩盘，径22.7厘米，重316克，题材为罗马神话里的天后朱诺命令岩石上的风神释放风；右为1695年仿意大利画家阿尔巴尼（Albani）四元素中"气"的印刷版画，大英博物馆（British Museum）藏品，入藏号1917.1208.711。

1　Aaron Wile, "Watteau, Reverie, and Selfhood," *The Art Bulletin*, vol.96, no.3 (September 2014), p.320.

2　同上, pp.320–321。

3　该词取自法语"rocaille"（镶贝壳或镶石）和意大利语"barocco"（巴洛克装饰风格）。

4　Ninon de Lenclos, Letters of Ninon de Lenclos, to la Marquise de Sévigné.

5　Robinson, Overton, tr. and ed., *Life, Letters and Epicurean Philosophy of Ninon de L'enclos* (Chicago, The Lion Publishing Co., 1903), pp.76–77.

6　Simone de Beauvoir, *Le Deuxième Sexe* (Paris: Gallimard, 1949).

7　1720年皮特订制的纹章瓷未见粉彩，但1722年兰勃特订制的纹章瓷已出现红釉粉彩。参见本书第三章的讨论。

8　希腊神话中奥菲厄斯和欧律狄刻的婚姻耐人寻味。阿波罗把奥菲厄斯培养成琴神,琴声能感动草石,同时也养成了奥菲厄斯需要光、需要被肯定的习性。演奏爱能美化爱,感动或激励人心,并不能取代爱的实质。时日一久,欧律狄刻对爱的演奏厌倦,所以有牧羊人追求她而她被毒蛇咬后去了冥界。失去欧律狄刻后,奥菲厄斯去冥界要求把欧律狄刻带回阳间。冥王答应了,但要求在他们走离冥之路时,欧律狄刻只能在奥菲厄斯身后默默地跟随,而奥菲厄斯不准回头看欧律狄刻,否则欧律狄刻就不能回到阳间。结果在冥界的出口,奥菲厄斯重新见到了阳光,情不自禁回头看了欧律狄刻的阴影,于是欧律狄刻永留冥间。这一段共行之路自然是他们关系的重新开始,而出口是一个决断点:无光地默默相随是普通人的生活实质,但奥菲厄斯在出口处见光,觉得终究是光和被肯定更重要,所以回首分手。如果冥王是要奥菲厄斯做个选择而不是禁止回首,那多半会延续虚伪。回到阳世后,奥菲厄斯只和同性相恋,最后被女人打死。奥菲厄斯对光如此在乎,当是来自阿波罗的培养。西哲奠基人柏拉图(Plato)对奥菲厄斯持否定意见。柏拉图认为,奥菲厄斯对欧律狄刻爱的热情和勇气都不够,若是真爱的话他就去冥间和欧律狄刻过了。冥王不满奥菲厄斯,所以才让欧律狄刻作为影像跟着奥菲厄斯。因为奥菲厄斯的软弱,所以他最后死在女人手里。(见柏拉图著《会饮篇》,第179页)

本章主要参考图书:

1. Will Durant and Ariel Durant, *The Age of Louis IV* (Simon & Schuster, January 1, 1963).
2. Durant, *The Age of Voltaire*.

第五章

蓬帕杜夫人
和粉彩瓷的花语

瓷与钻
Porcelain and Diamond

法国摄政王带头启动了洛可可装饰风格，但洛可可发展成时尚却是和一位法国中产女士的腾飞相关。这位女士便是18世纪中期影响法国政界20年的蓬帕杜夫人（图116）。

蓬帕杜夫人原名珍妮-安托瓦内特·泊松（Jeanne-Antoinette Poisson）（以下简称为夫人），1721年出生于巴黎的中产阶级家庭。父亲弗朗索瓦·泊松（François Poisson）出生于普通的纺工家庭，凭着自信和干练，成为金融界巨头巴黎四兄弟手下的管家。母亲玛德琳·德拉莫特（Madeleine de La Motte）是位有名的美人。夫人四岁那年，正值巴黎闹饥荒。泊松先生被指控操纵玉米黑市交易，影响民众生活。逮捕泊松的指令已下，而在这节骨眼上激起民愤是死罪。为了替巴黎兄弟顶罪，泊松只身逃亡德意志边境，母亲玛德琳为了保住自己和两个孩子的性命，不得不卖了新房子和所有值钱的东西，认罚赎罪。最后，在巴黎兄弟的朋友包税商图尔内姆（Charles François Paul Le Normant de Tournehem）的保护下，玛德琳和孩子们平安渡劫，图尔内姆成了孩子的养父。八年后，泊松终于获释回国和家人团聚。但在孩子的成长中，培养他们的是图尔内姆。图尔内姆尤其看好夫人，为她提供了良好的教育。

九岁那年，有算命者告诉夫人："你将统治国王的心。"20年后，夫人找到这位算命的女士，感谢她预言成真，并奉上600法镑。预言反映的是当时人们心中最想要的：每个女孩都想拥有国王的爱。但中产阶级并不停留于想象，他们中虽有部分守旧，但更多的却有着上层贵族以及下层平民所没有的强烈的上进心。夫人的成功便是那个时代的经典例子之一。

"大山不会走向穆罕默德，那么穆罕默德就走向大山。"[1] 夫人的第一个难关是她的阶层：就算她才貌再出色，作为中产阶级是不可能被引见给国王的。要提升阶层，她必须嫁给贵族。但她父母既无好的声誉也不是很有钱，找个贵族丈夫并非易事。兼有韬略和商人精明的养父图尔内姆找到他的侄子埃蒂奥尔（Le Normant d'Etioles），建议侄子娶夫人。埃蒂奥尔起初不愿意，但随即因图尔内姆给予的优厚条件——获得巨额嫁妆、享受图尔内姆所有遗产的继承权、保证他们婚后和图尔内姆住在一起，图尔内姆支付他们所有的开销（包括仆人的费用）一直到老——埃蒂奥尔改变了主意。1741年3月两人结婚后，埃蒂奥尔立刻爱上了夫人，而夫人说她永远不会离开丈夫，除非是为了国王。此言在家人眼里是个玩笑，然而它并不是。

蓬帕杜夫人和粉彩瓷的花语

图116：布歇1756年油画《蓬帕杜夫人》，德国老绘画陈列馆藏品。

接着，夫人举办沙龙，邀请和招待当时活跃的哲学家，包括哲学家中的明星伏尔泰。中产阶级知识分子的参与带来了知性，但尚缺品级和优雅。在当时的社交圈，被邀请比邀请更重要：夫人必须被贵族名媛认可，声望才能进一步上升。但母亲的不良声誉是个拖累，贵族太太们有顾忌。事情很快有了转机，玛德琳得了绝症无法出门。夫人开始频繁在贵族沙龙中出现，她的名气传入了凡尔赛宫，路易十五（图117）也已听说过她的名字。但怎样让国王见到自己呢？国王最喜欢的狩猎是在塞纳

特森林（Forêt de Sénart）进行，住在乔伊西狩猎小屋（choisy）。虽然中产阶级没有资格陪同国王狩猎，但住在附近的居民被获准可以跟随国王的马车。夫人或粉衣蓝车，或蓝衣粉车，常出现在国王的视线中。内向的路易十五不和生人说话，但有时差人把猎物送到夫人的住所。有一次，谢夫勒斯公爵夫人（Duchesse de Chevreuse）无意在国王面前提到了夫人的名字，引起了国王情人顾问² 沙托鲁公爵夫人（Duchesse de Châteauroux）的暴怒，她狠踩了谢夫勒斯公爵夫人，差点导致对方晕眩。接着，沙托鲁差人警告夫人不准再在国王狩猎途中出现，夫人只能遵命。

不久，夫人在无为中等来了幸运。沙托鲁公爵夫人突然因病亡故，34岁的路易十五告别了霸道的沙托鲁公爵夫人和她导致的贵族派系斗争，期待新气象。巴黎的中产女性在期盼，大家都认为路易十五已经厌倦了贵族情人。不出所料，路易十五和夫人犹如相反磁极互相吸引。他们第一次在公众场合一起露面是在1745年2月25日凡尔赛宫为法国太子与西班牙公主的婚礼而举行的舞会，史称"红豆杉树舞会"（The Yew Tree Ball）——凡尔赛历史上最精彩的假面舞会。路易十五和随从扮成红豆杉树（图118），夫人则戴着黛安娜女神面具。

假面舞会是个公开宣言，但不足以确认夫人的地位，正式入住凡尔赛宫才是官方认可。在这点上路易十五犹豫不决：夫人的出身和举止行为都属于中产阶级，而离开自己领地、被禁锢在凡尔赛宫的贵族如果不是和中产联姻，大多忌恨日益壮大的中产阶级。另一方面，路易十五也不确定自己对夫人只是一时好奇，还是真爱。然而夫人等不及了。养父图尔内姆对被故意支去外地、刚回巴黎的女婿埃蒂奥尔说，你已永远失去夫人了。埃蒂奥尔听后大惊，写了一封信给夫人恳求她留下。夫人立刻拿这封信给路易十五看，对国王施加压力。路易十五在公众场合最在意形象，他尊重她的丈夫，也害怕报复，看信后他大为不快，把信还给夫人，冷冷地说："夫人，你丈夫看上去是个非常体面的人。"

夫人看似鲁莽的、逼路易十五立刻决定的举动在当时确实令路易十五不快，但过后路易十五独自斟酌之际，却感染了夫人的兴奋：想到以后在宫里调教夫人学习宫廷礼仪的新奇，他对埃蒂奥尔的竞争心胜过了同情心。于是，夫人搬进了凡尔赛宫，1745年4月3日在宫廷戏院观看意大利喜剧之际首次公开露面。没有人表示不满或反对。夫人的相貌无可挑剔，就算是王后圈子中、在《宫廷回忆录》中以挑剔宫廷女士容貌身段为乐的吕恩斯公爵（duc de luynes），对夫人的描述也是"非常美"（fort jolie）。伏尔泰写了封恭维信向夫人祝贺。夫人善待丈夫埃蒂奥尔的亲戚。埃蒂奥尔则对夫人保持礼貌，有尊严地回复夫人其后的来信，但余生再没和夫人说过一句话。埃蒂奥尔当时写信挽留夫人的动机是个谜：他是迎合夫人、出自利益的考虑，还是因为爱、道德和自尊？

如果说埃蒂奥尔的信使夫人进了凡尔赛宫，那么七年后路易十五的信促成了夫人在凡尔赛宫的地位固若金汤。1751年夫人和路易十五因为体质不合而分床³，妒嫉或不满夫人的敌人觉得机会来了。1752年，夫人长期的秘书和闺密埃斯特拉德夫人（Madame d'Estrades）和她的情人——政治抱负受挫的阿根森伯爵（comte d'Argenson），谋划用新人替换夫人。他们物色了夫人熟识并曾安排其

图117：左为1748年拉图尔（La Tour）绘制的路易十五粉彩肖像画，巴黎卢浮宫藏品；右为乾隆早期（1738年）法国东印度公司从中国为路易十五订制的纹章瓷盘，法国凡尔赛宫藏品，入藏号 v.2019.1_003。

图118：红豆杉树假面舞会。图片来源：http://www.madamedepompadour.com/_eng_pomp/galleria/biograf/ilballo.htm。

图119：乾隆早期吕恩斯公爵（duc de luynes）纹章瓷碟。左碟径13.3厘米，重93克；右碟径13.6厘米，重103克。

图120：范·卢（Van Loo）1763年油画《斯坦维尔伯爵》（Comte de Stainville），法国凡尔赛宫和特里亚农宫国立博物馆（Musée national des châteaux de Versailles et de Trianon）藏品。

婚礼和蜜月住宿的舒瓦瑟尔夫人罗莎莉（Rosalie, Madame de Choiseul）。由于夫人的缘故，单纯貌美的罗莎莉和她丈夫常被邀请参加路易十五的旅行以及晚宴，路易十五对罗沙莉颇有好感。1752年夏天去枫丹白露宫（Château de Fontainebleau）的旅行中，埃斯特拉德夫人操纵罗莎莉让路易十五写一封送走夫人的信，她们成功了。当晚，罗莎莉禁不住把这个好消息告诉她佩服的一个亲戚——丈夫的堂弟斯坦维尔伯爵（Comte de Stainville，图120）。斯坦维尔伯爵当时是个出色的军人，和夫人因谈吐风格不同而互相讨厌、很少来往，那次参加旅行纯属意外。当罗莎莉把信给他看后，斯坦维尔伯爵要求把信留在他处，让他仔细想想后明天归还，罗莎莉答应了。接着，就是斯坦维尔伯爵政治生涯最重要的选择。信如利箭在弦，不得不发，但应该伤谁保谁？钱对于斯坦维尔伯爵不是问题，他的太太路易丝·霍诺里娜·克罗扎特（Louise Honorine Crozat）是法国最富有的人之一，继承了爷爷克罗扎特[4]的巨额遗产。那么政治抱负呢？一边是罗莎莉和阿根森伯爵，一边是夫人……他考虑成熟后，把信放在自己的口袋中，走向了夫人房间。正在为国王和罗莎莉事件流泪的夫人读信后，眼泪顿时变成了怒火。她不动声色地等着傍晚路易十五走进她房间和她习惯性闲聊，突然在愤怒中展示了这封信。路易十五措手不及，只感到无言以答的惭愧，当听到了这信是怎么来的之后，惭愧顿时转成了对罗莎莉的怒火。他冲出去找到了罗莎莉，命令她和她丈夫当晚就离开枫丹白露宫。自此以后，夫人在凡尔赛宫的地位无可动摇，她和斯坦维尔伯爵成了朋友和政治盟友，共同推动了"七年战争"。斯坦维尔伯爵后来成为法国政界权力最大的外交部长舒瓦瑟尔公爵（duke de Choiseul），并自1763年起一直策反英国在美国的殖民地[5]，终致1780年法国的拉法耶特将军（Lafayette）带领6000士兵帮助美国赢得独立。年仅18岁的罗莎莉被逐出宫廷，6个月后不幸怀着孩子去世。

夫人在凡尔赛宫的主要职责之一是娱乐国王。在法国，娱乐和政治密切相关。17世纪中期，投石党之乱（Fronde）的法国内战导致了法国倒退，给少年路易十四带来了终生的心理阴影。为了不让贵族的权力威胁国家，路易十四打造了凡尔赛宫，把贵族从封地招来宫中，用法国人喜欢的时尚、娱乐以及邻近巴黎社会的热闹来诱使贵族们留在凡尔赛。路易十四赋予凡尔赛宫"天宫"的地位，如果一个贵族离开凡尔赛而回到自己的封地，那他就失去了政治地位，即便他依旧能在领地中过着富足的生活，被贬的阴影将一直伴随着他。凡尔赛的享乐生活腐蚀着贵族们的意志，不知不觉中，上进心、改良精神等被时间渐渐磨平。贵族被"软禁"在凡尔赛宫后，确实没再有武装叛乱，中产阶级比如包税商、金融商、贸易商、法官等迅速发展，但需要贵族引领的农业改良等无法实施，以致于百年后的工业革命发生于英国。到了路易十五时期，国王及贵族在凡尔赛宫的娱乐分四类：首先是狩猎——路易十五和贵族男士们最喜欢的项目；其次是赌博——无论男女，这是宫内消磨时间的最好方式；再其次是恋爱游戏——如同在喜剧中演的一样，和婚姻无关；最后是宫廷娱乐，由首席寝宫侍卫（First Gentleman of the Bedchamber）黎塞留公爵（Duc De Richelieu）负责。夫人进宫后，也操办宫廷娱乐，分了黎塞留公爵的权，于是成了公爵最大的敌人。虽然凡尔赛宫集中了当时最好的娱乐，但一种以

娱乐为主的生活方式必然伴随着令人绝望的无聊：每当路易十五的脸色变成蜡黄，夫人就知道他极度无聊了。夫人的创新在于私人戏院表演。路易十五厌倦了一周两次雷同的意大利喜剧和法国喜剧。于是夫人在宫里造了一个小戏院（théâtre des petits cabinets），观众席只有14个座位，她组织了一班朋友精选和表演新的剧本。她和她的朋友都受过歌唱和乐器训练，选剧本、预演、成功表演、路易十五等的赞赏都带来了新鲜感和宫内前所未有的热情。夫人是演员中最出色的，宫内的贵族都希望收到夫人戏院的邀请。第二年，她们在枫丹白露宫的大使楼梯井造了一个较大的可移动的戏院，演出更为成功。表演持续了五年，直至夫人觉得不胜负荷。他们一共表演了122场，61个不同的剧本、歌剧和芭蕾。

夫人是宫里少数支持哲学家和启蒙运动百科全书派的人士。她的对头在宫内包括耶稣会、德博蒙特大主教（Archbishop de Beaumont）、王后、太子妃等。她宫外的主要对手是普鲁士国王腓特烈二世（Friedrich II）。腓特烈二世小时受法式教育启蒙，说写均用法文，崇拜伏尔泰。他在柏林建立官方语言为法文的皇家科学院，力图在科学和艺术领域超过巴黎和伦敦的同类。他以开明的政治氛围和奖金来吸引国外知名人士去柏林科学院就职。比如1754年，他发给法国物理学家、数学家、《百科全书》主编之一让·勒朗·达朗贝尔（Jean le Rond d'Alembert）1200法镑的奖金，信中说："希望达朗贝尔接受这笔钱，让我有执行奖励崇高才能之士的义务的快乐。"路易十五把它当成一个笑话，对臣僚和夫人说："外交部想知道我同不同意把钱给这个崇高的天才。你们来猜猜看这钱的数额。"于是有人猜6000、8000、1万法镑。路易十五说："你们都不对，你们谁能猜到仅仅是1200法镑？"阿延公爵（duc d'Ayen）叫道："什么？1200法镑就配得上崇高才能吗？"夫人理智地建议路易十五用自己的钱奖励达朗贝尔2400法镑，同时退回腓特烈二世的1200法镑。这样既笼络了达朗贝尔，也不至于花费过大。但路易十五不愿意和腓特烈二世争着奖励达朗贝尔这样的不信教人士，他还是选择了把腓特烈二世的钱转给达朗贝尔。这里可见路易十五和夫人的差异：路易十五偏向教会，而夫人偏向启蒙运动人士。

路易十五和夫人都喜欢养动物，比如狗、猴子、鸽子、母鸡、各类鸟，路易十五尤其喜欢白色安格拉猫（波斯猫的前身），所以他们都喜欢自然主义者布冯伯爵（Comte de Buffon）。但当1752年布冯在《百科全书》中说动物有灵魂时，遭到了耶稣会的反对，布冯为了不使路易十五为难，不得不和《百科全书》断绝联系。夫人和伏尔泰保持了终身的友谊，但中间屡有波折。在凡尔赛，夫人是伏尔泰的保护者；在夫人的推荐下，伏尔泰被雇为国王的历史学家。然而，伏尔泰的笔是不安分的。1747年4月1日，法国在贝亨奥普佐姆战役（Berg op Zoom）中胜利后，伏尔泰这样赞美夫人：

而你和贝亨奥普佐姆是无敌的
你只屈服于我的国王
他从胜利的怀抱飞进你的怀抱
他的成功的价值只在你心里
没有什么可以增加他的荣耀
你增加了他的幸福感[6]

这诗把夫人捧得比路易十五更高，不利两人间的和睦，无视宫内政治，夫人也不得不假装对诗恼怒。伏尔泰见凡尔赛的气氛不利，去了洛林公爵（Duke of Lorraine）的吕内维尔（Lunéville），他觉得夫人没有尽力保护他。

其后，还有一件事更令伏尔泰生气。有人告诉夫人她以前的老师和朋友克雷比永（Crébillon）生活艰苦，饭都快吃不上了。夫人马上去营救，送钱、让克雷比永做家教，并安排他在皇家出版社出版他的作品集。克雷比永去宫里感谢夫人，正好碰到了路易十五。路易十五第一眼就喜欢这个老人，所以同意夫人的建议并鼓励克雷比永完成他多年前没写完的剧本《卡塔利娜》（Catalina）。夫人的用意是让老人重获活力，写剧本比钱更能激发活力。老人写完后，夫人开了一个小型宴会让他读剧本，然后通过路易十五的影响让此剧在法国喜剧院上演。在吕内维尔的伏尔泰听到这消息后又忌又怒，他认为夫人做这事就是要让他难堪。于是他向人抱怨，而他的对头听到后就故意组队去捧《卡塔利娜》。事实上《卡塔利娜》确实是写得又过时又糟糕，夫人也做好首演冷场的准备。岂料，观众是来戏院参加品级和时髦展的，他们对聚会的兴趣大于剧本。结果首演大获成功，一直演了20场。伏尔泰意难平，写了剧本《赛密拉米斯》（Semiramis）来压过克雷比永以前写的《赛密拉米斯》。伏尔泰写得确实好得多，但它在法国喜剧院首演失败。伏尔泰坐在附近的酒馆里听大家的评论后通宵修改，这下成功了，演了15场。那时流行"戏仿剧"（Parody），伏尔泰的对头就写了伏尔泰《赛密拉米斯》的戏仿剧，准备在枫丹白露宫演出。伏尔泰写信给王后请求不要让戏仿剧上演。王后恨伏尔泰，冷冷地拒绝请求。伏尔泰转而写信求夫人，夫人停了戏仿剧在枫丹白露宫和在巴黎的演出，回信安抚伏尔泰，但要他不要再伤害克雷比永，因为夫人说她对克雷比永的才能就像对伏尔泰的一般敬爱。另外，夫人要求伏尔泰不要离开路易十五而去投靠腓特烈二世，否则夫人将永不原谅伏尔泰。然而，伏尔泰觉得这信贬低了他，他还是去投靠了腓特烈二世，并写了首诗嘲讽夫人。之后，他们好些年不联系，但夫人还是照旧付给伏尔泰年金。

1750年6月，伏尔泰接受腓特烈二世的邀请去了普鲁士。腓特烈二世很热情地招待了他。一开始，伏尔泰和腓特烈二世的关系很好，但4个月后，两人的关系突变。伏尔泰虽说那时已很富裕，但还想到处赚钱。腓特烈二世和萨克森德累斯顿（Dresden, Saxony）签过协议，答应普鲁士人向德累斯顿银行买的债券按面值1∶1付金币。而那时德累斯顿银行债券在国外市场中已贬值50%。所以，有人在荷兰买债券，想走私到普鲁士卖，而腓特烈二世要制止这类走私。伏尔泰来了没多久，就在动脑筋走私，他联系上一个犹太银行商，要他去德累斯顿买几万泰勒尔（Thaler）的债券（大约面值的三分之一价），他出钱，但让犹太商人用等价钻石抵押。犹太商人走后，到了德累斯顿，伏尔泰改变主意，不买债券了，犹太商人于是回来，要伏尔泰付他原来答应的封口费，就是从他那里买价值3000泰勒尔的钻石。但伏尔泰认为犹太商高估钻石价格，就打了犹太商，把他抓起来送到法庭。犹太商告伏尔泰派他去走私债券，而伏尔泰辩解说他是要犹太商去买皮毛。法院最终没判伏尔泰有罪，但大家都知道怎么回事。腓特烈二世对这事不满，写信给伏尔泰，责备他带给社会不良影响，告诫他不要再做这类事了。过后，开明的腓特烈二世依然善待伏尔泰。一次宴会中，腓特烈二世把伏尔泰排在首位，而柏林科学院院长莫佩尔蒂（Maupertuis）在其次。莫佩尔蒂也来自法国，是伏尔泰的已故女友沙特莱侯爵夫人（Émilie du Châtelet）很欣赏的科学家。一次，伏尔泰开宴会，院长出席，伏尔泰对院长说："我看过你的新书，有一些观点觉得有些模糊，是否我们约个时间探讨下？"院长很生硬地回答："模糊？只有你这么认为吧。"一个和伏尔泰有旧交的柏林科学院院士向院长提交一篇论文，内容是说院长的重要观点（最小作用量原理）以前（已故的）德国数学家莱布尼茨（Leibniz）已提出过，然后他又加了一句，如果院长觉得不合适，就不要发表这篇文章了[7]。结果院长还是发表了，不料引起很大反响。院长于是向院士要莱布尼茨的原稿作为莱布尼茨已提出过该观点的证据。院士说他只在朋友处见过一个复本，而他有的只是复本的复本，且朋友已于两年前去世了。他把复本的复本给了院长，但院长依然要正本。院士说他实在拿不出，因为朋友死了，稿件散了。院长上报腓特烈二世，腓特烈二世要院士提供正本，院士拿不出。于是，科学院发表声明说有关莱布尼茨的稿件是伪造的。院士提交辞呈，并公开发表声明。伏尔泰知道了，决定为院士主持公道：他匿名发表言论说科学院就是为了讨好腓特烈二世，压制自由言论。腓特烈二世知道这是伏尔泰的话，他也匿名说为院士主持公道的人是恶意的、是懦夫、不要脸、诽谤等等。他没署名，但用了纹章。伏尔泰知道说话的人是腓特烈二世，但他不服软，给侄女写信说："我没有权杖，但我的笔在……"正好那时院长出了本科学奇想录，其中很多新奇幻想：比如钻洞到地心以测成分；比如炸掉一个金字塔来探索其构造和目的；比如建立一个拉丁语小城；比如服用适量的鸦片可以预知未来；比如医生只有治好病人才能拿到报酬；比如身体若保养恰当可以长生不死，等等。这些是科学家常有的奇想，以此激励自己做新实验新探索等。但理性的文人不一定认可。伏尔泰认为这些太可笑了，他写了一本书来讽刺院长，说：如果医生只有治好病人才能拿到报酬，那么院长类科学家的幻想不能实现，是否应该扣工资呢？写完后，他把一本手稿送去荷兰印了，另一手稿他拿去给腓特烈二世看。腓特烈二世私下同意这些想法不切实际，但叫伏尔泰不要发表手稿，避免对科学院的不良影响。伏尔泰把那个手稿给了国王，仍然发表了另一手稿，在荷兰等地印了35000册。院长写信给伏尔泰："我从未攻击过你，你却印书攻击我。你马上停止，否则我将全力报复。"伏尔泰继续印书赚钱，并将此信一并发表。院长后来没有报复，也没有像大家猜测的那样被气死。当印出的书流到普鲁士腓特烈二世手里，腓特烈二世大怒，公开焚书，伏尔泰吓得躲了起来，向国王交回奖章，躺着病了两个星期，探望者说他像个骷髅。腓特烈二世心软了，派御医去安抚伏尔泰。伏尔泰要求去外地求"圣水"治病。腓特烈二世让秘书对伏尔泰说："你什么时候都可以离开我这里，不用以'圣水'为借口。只要你把我的诗集还给我，我们就两清了，我依旧会对你好的……"接着腓特烈二世让伏尔泰住回原来的公寓，但伏尔泰依然没有归还诗集。8天后，伏尔泰出发，临别时他们依依不舍，腓特烈二世说："你服完'圣水'后要记得再回来。"但是，两人从此永不再见[8]。

蓬帕杜夫人和粉彩瓷的花语

◇

腓特烈二世曾是伏尔泰最大的"粉丝"。伏尔泰在普鲁士碰壁后，又想起了夫人。通过两人共同的朋友舒瓦瑟尔公爵的调解，伏尔泰同夫人和解。1760年，伏尔泰把悲剧《唐克雷德》（*Tancrède*）敬献给夫人："从你的童年起，我就看到了你不断在发展的卓越和才华。一直以来，你对我都一如既往的好。必须说，夫人，我欠你很多。此外，我公开地感谢你为帮助众多作家、艺术家和其他值得帮助的人所做的一切……因为你总是根据自己的内心行事，你在做好事时有洞察力。"[9]伏尔泰称赞夫人做好事时有洞察力，那就是认可夫人对克雷比永的帮助了。每份才干、每段卓越都有它的时代性，夫人无论是对过时的克雷比永，还是对叛变的伏尔泰都是一如既往的好，这不是手段，而是内心出自赏识、保留终生的一份温暖。

夫人在宫内外的对头很多，其中最有权势的是普鲁士国王腓特烈二世。腓特烈二世小时屡遭家暴：由于他喜欢音乐、文学、法国文化，父亲腓特烈一世觉得儿子太女性化，常常打他和羞辱他。青年时，他和好友卡特（Katte）密谋逃去英国，父亲发现后将他们抓住，处死卡特，并逼腓特烈二世观看卡特的斩首。成年登基后，腓特烈二世兼有法式的礼貌和战时的粗暴。由于他要将柏林打造为欧洲科学中心，而又崇尚法国文化，于是想方设法从法国引进最好的人才。但夫人要保留本国人才，于是腓特烈二世就怠慢、丑化和侮辱夫人。其他国家的大使都常去拜访夫人，腓特烈二世却吩咐普鲁士在巴黎的大使冯·克尼普豪森男爵（Baron von Knyphausen）一次也不要去[10]。腓特烈二世写过一篇题为《蓬帕杜夫人和圣母玛丽亚》的哲学文章，假想在天堂中蓬帕杜夫人和圣母玛丽亚相遇后的对话。文章主旨是揭穿圣母玛丽亚的虚伪，但把夫人描写成一个诚实但说话如泼妇的妓女[11]。当法国和奥地利结盟时，腓特烈二世把他的母狗起名为蓬帕杜。1756年，普鲁士为了保有在先前西班牙即位战争中从奥地利获得的西里西亚（Silesia），在欧洲获得更大的影响，领兵入侵萨克森，拉开了欧洲七年战争（Seven Years' War）的序幕。这时，欧洲各国已完成重新组队，有别于先前西班牙即位战争的站队。法国和奥地利本是宿敌，但这次他们结盟了，连同俄罗斯帝国、瑞典、萨克森等。和普鲁士结盟的主要是英国——英国并不准备在欧洲扩张，而是想通过伦敦金融中心用钱资助普鲁士对抗法国等，同时利用自己海军的优势，在美洲和印度从法国手里抢殖民地。法国国内对殖民地的看法不一，金融贸易商当然对殖民地兴趣很大，但哲学家们不同：伏尔泰认为欧洲殖民者在美洲犯下了可怕的罪行，没有魁北克（Quebec）法国一样会开心；孟德斯鸠（Montesquieu）认为帝国就像一棵树，如果树枝伸展得太远，它们就会从树干上吸干汁液。人们应该留在本国，移民到另一种气候的地方，健康就会受到影响。路易十五喜欢扩张自己的声名，但他更希望在欧洲本土扩张而不是在殖民地。所以，在七年战争中，法国的重心放在欧洲战事上。若论军队人数，法国最多，接下来是俄罗斯、奥地利、普鲁士等。但人数排名第四的普鲁士士兵加上英国的钱，竟然和法国、俄罗斯、奥地利、瑞典等联军打了个平手，在战争结束前欧洲战场的26次大战中胜负大致各半。腓特烈二世身先士卒，屡次中弹或准备自杀，但都化险为夷，犹如神助。1762年，俄叶丽萨维塔女皇去世，彼得三世继位。彼得从小崇拜腓特烈二世，于是停战休兵，和普鲁士签订和约。1763 年，战争全面停止，作战诸方签订了《巴黎条约》（*Treaty of Paris*）和《胡贝图斯堡条约》（*Treaty of Hubertusburg*）。普鲁士依旧占有西里西亚，并以其战斗精神和战斗力得到了德语国邦的一致敬重。英国虽在欧洲没有斩获，但取得了本属法国的美洲密西西比河以东的殖民地，并把法国势力赶出了印度。而夫人主内、舒瓦瑟尔公爵主外的法国却是输家：在欧洲没有收获，欧洲之外失去了加拿大及印度等。夫人一生顺利，中年遭此挫败，不忿输给了"粗鲁的"腓特烈二世，再加国会的谴责和教会的憎恨，心火和疾病交织，于 1764 年 4 月 15 日因肺气肿去世。法国的战败需要有人担责，夫人是战争的牺牲品。冷雨中，路易十五站在阳台上，目送着夫人的灵柩出凡尔赛宫，对身边的侍卫说："夫人将会遭遇非常恶劣的天气。" 路易十五的眼里都是泪，喃喃自语："这是我唯一能向她表达的敬意。"[12] 隐居在法国费尔奈小镇的伏尔泰写道："我戴着感恩之心哀悼蓬帕杜夫人。（像我这样）一个几乎无法行走、只能动动笔的老朽还活着，而一个事业辉煌的美丽女子却在 40 岁就去世了，这似乎很荒谬。或许，如果她能够像我一样平静地生活，她也许现在还活着……她的思想和心灵都充满着正义……这是一个梦想的终结。"[13]

民众不喜欢国王的任何情妇，他们诅咒夫人的奢侈和巨额花费，在夫人去世后很快就忘记了她。哲学家、《百科全书》主编狄德罗（Diderot）这样评价夫人："这个女人花了这么多钱，用了这么多人力，到底为我们留下些什么？我们没有荣誉，也精疲力尽。是谁颠覆了欧洲的政治联盟？（留给我们的是）《凡尔赛条约》；会被永远赞赏的布查登（Bouchardon）的雕塑《爱》（*L'Amour*）；会使未来古董收藏者感到惊奇的古伊（Guay）的一些刻石；一幅人们有时会看的凡·卢（Van Loo）画的精美的夫人小画像，以及一把尘土。"[14] 尽管狄德罗的点评显得苛刻且偏重于当时的政治得失，但他还是提及了夫人对洛可可艺术的支持。洛可可艺术在法国摄政王时期启动，到夫人时已经成熟（图 121、图 122），而夫人最大的成就是推进了洛可可装饰艺术的发展和流行。夫人的养父图尔纳姆任国王宫廷营造司（Intendant of the King's Buildings），1751 年图尔纳姆去世后职位由夫人的弟弟马里尼（Marigny）继承。马里尼任职时建筑开始出现新古典主义风格，但图尔纳姆时仍是流行讲究曲线和阿拉伯风的洛可可。洛可可建筑的外型需要搭配洛可可室内装潢的色彩。夫人从两个方面推动了洛可可。一是钱：夫人一共化了路易十五 3600 万法镑，相当于法国七年战争总开销的百分之三。夫人赞助了众多的洛可可艺术家，包括画家布歇（Boucher）、卡尔·范·卢（Carle van Loo）、乌德里（Oudry）、拉图尔（Maurice Quentin de La Tour）、罗斯林（Roslin）、利奥塔尔（Liotard）、托克（Tocqué）、维吉（Vigée）、德赛耶斯（Deshayes）、卡蒙泰尔（Carmontelle）、苏莱拉斯（Subleyras）、杜鲁埃（Drouais）、纳蒂尔（Nattier）；装饰艺术家韦贝克特（Verbeckt）、杜普莱西斯（Duplessis）、范布拉伦伯格（van Blarenberghe）；雕塑家皮加勒（Pigalle）、卡菲耶里（Caffieri）、库斯托（Coustou）、法尔科内特（Falconet）；雕刻家科钦（Cochin）、夏庞蒂埃（Charpentier）；家具设计师冈德雷克斯（Gaudreax）、范里桑伯格（Van Risamburgh）、杜布瓦（Dubois）；

图121：两件圈竹边饰的乾隆中期粉彩瓷。圈竹饰是洛可可的经典式样。由于中国以竹之直象征人品，笔者一开始很难接受弯竹为圈的布局，后把盘子想象成花环，慢慢也就适应圈竹饰了。左为乾隆中期（1765年）伦敦银行家约瑟夫·丹尼森（Joseph Denison）和莎拉·赛克斯（Sarah Sykes）的婚瓷粉彩碟，径12厘米，重79克；右为乾隆中期粉彩盘，径22.9厘米，重330克。

图122：外圈洛可可的欧式花卉和盘心的中式花卉组合颇佳的乾隆中期（1755年）粉彩瓷盘五个（苏格兰劳德家族纹章瓷）：上排左盘径22.2厘米，重314克；中盘径22.3厘米，重358克；右盘径22.3厘米，重302克。下排左盘径15.8厘米，重153克；右盘径15.9厘米，重187克。

图123：乾隆早期（1745年）粉彩花卉盘，长32.5厘米，重1013克。这套瓷通常被认为由蓬帕杜夫人订制，一是根据边饰的鹰和王冠代表路易十五、鱼代表夫人娘家姓氏的解读，二是因为这套花卉设计的高质量。少数反对者认为夫人娘家姓氏的等级低，所以应是夫人的敌人订制而用来嘲讽夫人的。笔者认为反对的理由不成立，因为夫人从不以自己的娘家姓为耻，夫人在宫里的不少装饰都是鱼主题。

珠宝雕刻师瓜伊（Guay）；银匠杜兰德（Durand）；建筑师让·卡耶托（Jean Cailleteau）、安吉·雅克·加布里埃尔（Ange-Jacques Gabriel）；以及景观设计师卡尼尔（Jean-Charles Garnier）。二是高品味：夫人喜欢柔美的粉彩以及愉悦享乐的氛围，再次确立了洛可可的主旋律。夫人出身中产，在宫廷这个复杂的氛围中难免有焦虑，需要鲜花和相配的洛可可装饰用以放松和提神。此外，夫人讨厌常见的格式化流行图案，她要不落俗套、精致完美的设计。在夫人的推动下，洛可可发展到极致，并传播到意大利、奥地利、巴伐利亚、中欧和俄罗斯等地。

18世纪名家所制洛可可风格的装饰器物是当时的名牌奢侈品。夫人用自身演绎了奢侈品消费的经典例子。有品味的住宅要配精心挑选的家具和装饰。夫人在选择家具饰品时,追求浪漫、精致、独特:很多家具、挂件等都是她特殊订制或是自己参与设计的。她特别喜欢花和瓷器,她要满屋子都是花,所以需要很多瓷器放更多的花。由于进口中国瓷和梅森瓷费用昂贵,所以她说动路易十五办了法国自己的塞夫勒瓷厂(Sèvres),从 1769 年起正式生产硬质瓷。图 123、图 124 便是夫人从中国订制的乾隆早期粉彩花卉盘,其设计既浪漫又独特。图 125—图 132 也应是夫人喜欢的粉彩类型。如果狄德罗活到今天,知道法国的奢侈品销售额持续多年世界第一,也许对夫人的评价会有所不同。

图 124:乾隆早期(1745 年)粉彩花卉盘,径 23.1 厘米,重 341 克。

图125：乾隆中期（1755年）英国伯格（Burgh）等家族纹章瓷盘，径21.8厘米，重331克，中心花卉为梅森瓷的德国布鲁门（deutsche blumen）式样。

图126：左为乾隆中期（1775年）粉彩瓷碗碟，安及戈登·盖蒂（Ann and Gordon Getty）旧藏，碗径8.9厘米，重71克；碟径14厘米，重118克。右为1747年范·卢（Van Loo）画作：土耳其风服饰的蓬帕杜夫人从仆从手里接过咖啡，巴黎装饰艺术博物馆（Musée des Arts Décoratifs）藏品。瓷碗碟中的土耳其服饰与波斯地毯和画作中的土耳其风均反映了奥斯曼帝国在欧洲的影响。

蓬帕杜夫人和粉彩瓷的花语

图127：乾隆早期（1745年）粉彩碗，径7.4厘米，重38克，图案和法国拉罗谢尔（Rochelle）市政厅中的一幅18世纪画作一致，马丁·赫斯特（Martin Hurst）旧藏。

图128：乾隆早中期（1750年）粉彩碗，径11.9厘米，重109克，意大利喜剧题材，色泽亮丽生动，霍华德和艾尔斯著《为西方制造的中国瓷》，第344页原物。

图 129：乾隆中期粉彩花卉茶壶，长 22.2 厘米，重 791 克。

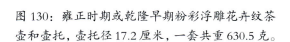

图 130：雍正时期或乾隆早期粉彩浮雕花卉纹茶壶和壶托，壶托径 17.2 厘米，一套共重 630.5 克。

蓬帕杜夫人和粉彩瓷的花语

图131：乾隆中期粉彩恋人式样杯碟：杯高7.3厘米，重88克；碟径13.3厘米，重95克。

图132：乾隆中期粉彩盖碗，径16.5厘米，重657克，葛丽泰·嘉宝（Greta Garbo）旧藏，曾置于嘉宝纽约公寓炉架。

1 "Mahomet made the people believe that he would call a hill to him, and from the top of it offer up his prayers for the observers of his law. The people assembled. Mahomet called the hill to come to him, again and again; and when the hill stood still he was never a whit abashed, but said, 'If the hill will not come to Mahomet, Mahomet will go to the hill.'" Francis Bacon, Essays, *Civil and Moral*, vol. III, part 1（New York: P.F. Collier & Son, 1909-14）, 12. of Boldness.

2 由于法国贵族多是利益婚姻，情人为当时社会所默许。在王室中，情人有成为国王顾问的传统。从夫人起有了国王官方情人这一头衔，直至法国大革命。

3 夫人和路易十五生理不合。路易十五性情偏热，而夫人体质偏冷。她找医生奎斯奈（Quesnay）试过各种方法，但最终都不能改变体质。见 Nancy Mitford, *Madame de Pompadour*, p.85, 86, 168。

4 此处的克罗扎特即为第二章中开发路易斯安那的克罗扎特。

5 Richard J. Werther，"*Scouting the American Revolution: the French Intelligence Community.*"Journal of the American Revolution, April 9, 2020.

6 Nancy Mitford, *Madame de Pompadour*, p.139:
"Et vous et Berg op Zoom vous etiez invincibles
vour n'avez cede qua mon roi
Il vole dans vos bras du sein de la victoire
Le prix de ses travaus n'est que dans votre coeur
Rien ne peut augmenter sa gloire
Et vous augmentez son bonheur"

7 院长的最小作用量原理是不是真来自于莱布尼茨？20世纪发现的资料确认莱布尼茨是提出过类似的观点。但院长当时是独立得出类似结论，还是受到莱布尼茨的间接影响，这个仍是个谜。

8 Durant, *The Age of Voltaire*, pp.461-468.

9 "Ever Since your childhood I have seen distinction and talents developing in you. At all times you have been unchangingly good to me. It must be said, Madame, that I owe you a great deal; furthermore I venture to thank you publicly for all you have done to help a large number of writers, artists, and other categories of deserving people.... You have shown discernment in doing good because you have always used your own judgment." Mitford, *Madame de Pompadour*, p.259.

10 Thomas Carlyle, *History of Friedrich II of Prussia*,vol.17 Frederick the Great---The Seven-Years War: First Campaign--1756-1757, Chapter I.

11 King Frederick II , Avi Lifschitz ed., Angela Scholar trans., *Frederick the Great's Philosophical Writings*（Princeton University Press, December 1, 2020）, pp.190-194.

12 Will Durant and Ariel Durant, *Rousseau and Revolution* (Simon and Schuster, January 1, 1967), p.69.

13 "I am very sad at the death of Mme. de Pompadour. I was indebted to her, and I mourn out of gratitude. It seems absurd that while an ancient pen-pusher, hardly able to walk, should still be alive, a beautiful woman, in the midst of a splendid career, should die at the age of forty. Perhaps if she had been able to live quietly, as I do, she would be alive today….She has justice in he mind and heart….It is the end of a dream." Durant, *Rousseau and Revolution*, p.69.

14 "So what remains of this woman who cost us so much in men and money, who left us without honor and without energy, and who overthrew the whole political system of Europe? The Treaty of Versailles which will last as long as it lasts; Bouchardon's Amour, which will be admired for ever; a few stones engraved by Guay which will amaze the antiquaries of the future; a nice little picture by Van Loo which people will look at sometimes, and a handful of dust." Nancy Mitford, *Madame de Pompadour*, p.272.

本章主要参考图书：

Nancy Mitford, *Madame de Pompadour* (NYRB Classics, March 12, 2001).

第六章

新古典主义、中国风以及中西瓷的互动

1756—1763年的七年战争伤亡了100多万人，欧洲穷了，消沉了，没有钱和心情来持续洛可可的快乐、愉悦和欲望。拜金、纵欲、腐败、战争、掠夺、殖民等带来的种种心痛被浓缩在英国约书亚·雷诺兹爵士（Sir Joshua Reynolds）1788年创作的油画《纯真时代》（The Age of Innocence，图133）中。取代洛可可的是理性和道德的新古典主义（Neo-Classicism）。新古典主义的理念是艺术应该表达美德、提升大众的道德而不是传递快乐，它的哲学基础来自瑞士出生的思想家卢梭（Jean-Jacques Rousseau）等。

卢梭在1750年的获奖论文《关于艺术与科学的论述》（Discourse on the Arts and Sciences）中充满激情地批判奢侈以及浸染着奢侈的当代艺术、文学和科学[1]："源于懒惰而虚荣的奢侈是比浪费时间更大的罪恶，而当代艺术、文学和科学都是被奢侈所浸染。"[2] "奢侈必然带来道德的消亡，带来品味的腐朽。"[3] "如果我们不惜一切代价获得财富，美德会变成什么样子？古代的政治家们（希腊、罗马）总是在谈论道德和美德；而我们只谈论商业和钱。"[4] "在我们这个时代，更细致的研究和更精致的品味已将取悦的艺术简化为一套制度，在礼仪中盛行着奴性和欺骗性的顺从；以致每个人的思想都是同一个模子翻印的。礼貌是这样，礼仪应该那样；仪式是这个套路，时尚是那种法则；我们必须永远遵循这些，不能让我们自己的本性有一点儿显露……真诚的友谊，真正的尊重，完美的信心从人心中被驱逐出去。嫉妒、猜疑、恐惧、冷漠、矜持、憎恨和欺诈一直隐藏在那统一而具欺骗性的礼貌面纱下。"[5] "我们不再敢看自己的真实面目，而是永远处于束缚之下；社会中的人在同样的情况下都表现得完全一样，除非有强大的动机阻止了他们。因此，我们永远不知道要同谁打交道；甚至要了解我们的朋友，我们也必须等到一些关键和紧迫的时刻。也就是说，直到它太迟了；因为正是在那些场合，这些知识对我们有用。"[6]

法国《百科全书》主编狄德罗不像卢梭那样激进，他认为艺术是多样化的：艺术可以提供快乐，但有些杰出的艺术能通过视觉的美感来激励道德。在皇家学会巴黎沙龙两年一度的展览中，狄德罗赞赏雅克-路易·大卫（Jacques-Louis David）的画作《霍拉蒂的誓言》（Oath of the Horatii，图134），该画其后成为新古典主义的经典。画中表现的是罗马霍拉蒂家族穿上战袍的三个儿子向父亲所执的三把剑致敬，誓死捍卫罗马。图右边沉浸在悲伤中的几位霍拉蒂家族女子和对手都有关联：

图133：英国约书亚·雷诺兹爵士（Sir Joshua Reynolds）1788年的油画《纯真时代》（*The Age of Innocence*），伦敦泰特英国美术馆（Tate Britain）藏品。

图134：法国大卫（David）1784年的油画《霍拉蒂的誓言》（Oath of the Horatii），巴黎卢浮宫藏品。

一位妻子来自对手家族，而另一位女子是对手家族儿子的未婚妻。大卫用不同以往的浅层背景和横向布局来突出三个儿子的姿态和神情，定格他们起誓"不是胜利就是牺牲"的瞬间。这幅画突出了爱国主义、为国家和团体的自我牺牲精神，其后鼓舞了法国大革命，应验了狄德罗的名言："有些崇高的姿态是雄辩的口才永远无法传达的。"[7] 从人性角度考虑，大卫自小因左颊有瘤影响说话而有羞耻感，又经历九岁丧父的悲痛，和七年战争后法国殖民地被抢之耻以及徒耗人力财力的悲伤相合的打击。然而，大卫远非平庸之辈，他以天分、执着、坚韧四次角逐画院最高的罗马大奖（Prix de Rome），最后一次终于得偿所愿。他以画悲剧来化解悲伤，以为崇高理想牺牲的决心来切除命运之瘤：他的《塞内卡之死》（The Death of Seneca）、《苏格拉底之死》（The Death of Socrates，图135）、

新古典主义、中国风以及中西瓷的互动

图133：英国约书亚·雷诺兹爵士（Sir Joshua Reynolds）1788年的油画《纯真时代》（*The Age of Innocence*），伦敦泰特英国美术馆（Tate Britain）藏品。

图 134：法国大卫（David）1784 年的油画《霍拉蒂的誓言》（*Oath of the Horatii*），巴黎卢浮宫藏品。

一位妻子来自对手家族，而另一位女子是对手家族儿子的未婚妻。大卫用不同以往的浅层背景和横向布局来突出三个儿子的姿态和神情，定格他们起誓"不是胜利就是牺牲"的瞬间。这幅画突出了爱国主义、为国家和团体的自我牺牲精神，其后鼓舞了法国大革命，应验了狄德罗的名言："有些崇高的姿态是雄辩的口才永远无法传达的。"[7] 从人性角度考虑，大卫自小因左颊有瘤影响说话而有羞耻感，又经历九岁丧父的悲痛，和七年战争后法国殖民地被抢之耻以及徒耗人力财力的悲伤相合的打击。然而，大卫远非平庸之辈，他以天分、执着、坚韧四次角逐画院最高的罗马大奖（Prix de Rome），最后一次终于得偿所愿。他以画悲剧来化解悲伤，以为崇高理想牺牲的决心来切除命运之瘤：他的《塞内卡之死》（*The Death of Seneca*）、《苏格拉底之死》（*The Death of Socrates*，图 135）、

《执政官带来布鲁图斯儿子的尸体》(The Lictors Bringing Brutus the Bodies of His Sons)、《马拉之死》(The Death of Marat,图136)均为激励人心的经典。

新古典主义的兴起也得益于1738年古罗马赫库兰尼姆(Herculaneum)以及1748年庞贝古城(Pompeii)的考古发掘,尤其是庞贝古城。从16世纪晚期开始,欧洲贵族完成古典教育的最后一环就是游览巴黎、威尼斯、佛罗伦萨,以及最重要的罗马。这样逐渐形成了延续百余年的大巡游(The Groud Tour)时尚:年轻的欧美贵族或部分中产在老师或导游的陪同下,从伦敦出发,游历法国、意大利、荷兰、瑞士、德意志,少数也去西班牙、希腊、土耳其。其中,最重要的是去意大利学习和观赏希腊/罗马雕塑以及古老的遗迹和最新的成就。庞贝古城的发掘无疑使大巡游的贵族和艺术新秀们迷恋上希腊/罗马的美学和哲学。

在中国外销瓷中,有一类黑彩的瓷器和新古典主义的装饰风格颇为一致。黑彩外销瓷早在雍正和乾隆早期就时有所见,多绘风景或建筑,见图137。到了乾隆中期,黑彩瓷常以西画为蓝本,描绘希腊罗马题材,具有道德教育意义,符合新古典主义的特点。比如图138、图139、图140的瓷器,

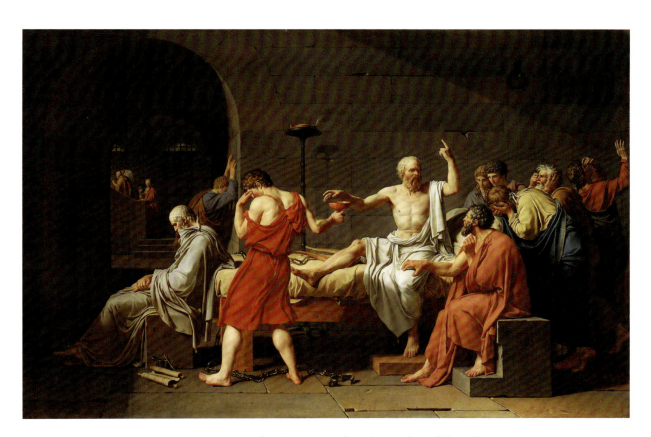

图135:法国大卫(David)1787年的油画《苏格拉底之死》,纽约大都会博物馆藏品。

Porcelain and Diamond
瓷与钻

图136：法国大卫（David）1793年的油画《马拉之死》，比利时皇家美术博物馆藏品。

新古典主义、中国风以及中西瓷的互动

图137：乾隆早期（1740年）黑彩盘，描绘河岸边的古典建筑和神职人员，径23厘米，美国Brunk拍卖2021年9月10日第595号。

描绘的都是希腊和罗马的神话故事。图141的盘心黑彩画中，为信仰而被钉在十字架上的耶稣和爬在地上捡金子的罗马士兵形成鲜明对比。图142是按法国画家尼古拉·朗克雷（Nicolas Lancret）1736年的画作《菲利普修士的鹅》（*Brother Philipper's Geese*）绘制的黑彩盘。该画的主题取自法国诗人让·德·拉封丹（Jean de La Fontaine）的寓言：鳏夫菲利普和儿子隐居在山洞里，远离诱惑。然而，当菲利普最终带着儿子来到了外面的世界，他们遇到了一群年轻时尚的女子。当年轻人问及她们时，菲利普说：她们是一群鹅。"父亲，求求你，让我们带一个鹅走吧……" 图143和图144分别是黑彩和棕褐彩的新古典主义风格瓷器。

尽管罗马和希腊是公认的欧洲文化的源头，但在17世纪和18世纪，"中国风"（chinoiserie）——受远东启迪的室内装饰、建筑和园艺也曾席卷欧洲和美洲。欧美人对"中国风"有具体的、感性的把握，但对于初次接触"中国风"的中国人而言，这个概念反而不好把握。比如我们随机取一件精美的乾隆青花瓶，这瓶算不算中国风的物件？可以算，也可以不算，取决于这个瓶当下的用途。如果瓶是在中国的瓷器博物馆里展览，那就不算。但如果一位欧美装饰者看中了这个瓶，把它买来放在中国风的布置中作装饰，那么它就是中国风的物件。在欧美传统中，中国风装饰的物件很多都是欧洲制造，其风格或模拟中国器物，或改变及混合其他元素于中国

图138：乾隆中期黑彩希腊和罗马神话题材茶具六个，正中的碗所绘为罗马天后朱诺。从左到右：碟径11.7厘米，重64克；碗径7.1厘米，重40克；壶托宽12.8厘米，重92克；碗径7.9厘米，重45克；碗径7.2厘米，重51克；碟径11.8厘米，重59克。

新古典主义、中国风以及中西瓷的互动

图 139：乾隆早期（1745 年）黑彩盘，中心图案为曙光女神，径 22.9 厘米，重 348 克。

图140：乾隆早期（1745年）黑彩盘，中心图案为朱诺，径22.7厘米，重345克。

图141：乾隆早期（1740年）黑彩"受难"（Crucifixion）盘，径22.6厘米，重315克，Gordon, *Collecting Chinese Export Porcelain*，plate X 彩图中原物图。

新古典主义、中国风以及中西瓷的互动

图 142：左为乾隆早期（1745 年）黑彩菲利普的鹅盘，径 22.7 厘米，重 387 克；右为法国兰克里特（Nicolas Lancret）的油画《菲利普修士的鹅》，纽约大都会博物馆藏品，入藏号 2004.86。

图 143：乾隆晚期（1790 年）黑彩缪斯女神埃拉托（Erato）茶叶罐，高 13.2 厘米，重 368 克。

图 144：嘉庆早期（1800 年）棕褐彩碗碟：碗径 8.9 厘米，重 78 克；碟径 14 厘米，重 142 克。

风格，或纯粹按想象中的"中国"创作。想象中的"中国"的源头是马可·波罗。马可·波罗把中国北方称为"Cathay"（契丹）。当葡萄牙在 16 世纪早期到达东南亚和中国南海岸时，他们沿用东南亚称呼中国的名字"中国"（China）来称中国，但他们并不确定这个见到的中国是否就是从马可·波罗那里得知的"契丹"，不少人认为中国只是一些沿海地区，而内陆深远的地方才是马可·波罗的"契丹"。而传教士们认为中国和"契丹"就是一个国家。争论一致延续到 1654 年才有定论，大部分欧洲学者接受了中国和"契丹"是一个国家。然而当时及其后很多欧洲人依旧认为在和欧洲有商贸来往的中国之外，存在着一个欧洲人没有到达过的、马可·波罗提及的"契丹"。而这个想象中的"契丹"就是中国风创作的主要源泉之一。

16 世纪，葡萄牙主宰东亚海贸，打造香料之路，也从中国购买和订制青花瓷器以供欧洲贵族，但瓷器占比不大[8]。17 世纪的东亚海贸则是荷兰东印度公司的天下，阿姆斯特丹取代了里斯本成为东方商品的贸易中心。大量的亚洲奢侈品，特别是中国瓷器，流入阿姆斯特丹以供展示，成为了中国风装饰的源头。荷兰是欧洲最早开设"瓷器屋"（porcelain

room)的国家,屋内用中国瓷器陈设,配上中国风的日本漆屏作为背景[9]。由于欧洲当时还不能制造硬膏瓷,收藏数量可观的中国瓷器是富有和地位的象征。荷兰的奥兰治亲王妃——阿玛利亚·范·索尔姆斯公主(Amalia van Solms)——开启了展示瓷器之美的中国风时尚。贵族们纷纷仿效,在展示瓷器的底架、配件等方面极尽奢华,互相攀比和竞争。1701—1713年期间,普鲁士国王腓特烈一世(King Friedrich I)在柏林夏洛滕堡宫中打造了历史上最华丽精美的瓷器橱墙(Porcelein Cabinet at the Charlottenburg Palace)[10],见图145、图146。

法国在路易十四期间已成为欧洲时尚的领头羊。1669年,有关中国"南京瓷塔"(大报恩寺琉璃宝塔)的消息传到了路易十四的耳中,路易十四顿时起了引领欧洲之念,在凡尔赛宫附近营造了欧洲首幢中国风的建筑特列安农瓷宫(Trianon de Porcelaine,图147)。它的屋顶装饰全部用欧洲的彩陶蓝白砖和瓶,作为对昂贵的中国瓷器的替代。1686年,暹罗使团到达凡尔赛,向法国皇室献上1500件中国瓷器,激发了贵族们的收藏和竞争心理。当时最被珍视的是中国非外销的单色釉瓷器,因为它们十分稀少。欧洲的主人们时常为中国瓷器加配铜鎏金的座、盖、把手等,把它们改成欧式壶、香水瓶、烛台等[11]。

玛丽二世(Mary II)和威廉三世(William III)从荷兰去英国登基后,请法国建筑师丹尼尔·马罗特(Daniel Marot)设计了用数以千计瓷器覆盖的装饰墙。英国的中国风装饰同其海贸一样,后来

图145:柏林夏洛滕堡宫(Charlottenburg Palace)版画,纽约大都会博物馆藏品。

图146：柏林夏洛滕堡宫瓷器橱墙，图片来源：https://a-l-ancien-regime.tumblr.com/post/41434602908/charlottenburg-palace-germany。

居上，在18世纪结束前，几乎所有的英国的大房子里都至少有一间中国风的卧室或者在客厅贴满了中国花卉墙纸[12]。

1734年，荷兰东印度公司聘请荷兰装饰艺术家普龙克（Cornelis Pronk）设计了一系列中国风图案的瓷盘图样，发往中国和日本依样绘制，然后运回欧洲高价销售。这些订制瓷中销售最成功的是"阳伞女士"（The Parasol Ladies）式样（见引言图3）。普龙克风格的瓷盘日本绘制的不少，见图148。如果我们对普龙克设计的东方女士形象感到怪异，那是因为我们依循的是中国传统。但从当时西方中国风的角度来看，普龙克的设计符合潮流，他的女士是想象中的"契丹"公民，并不是中国的明清仕女。在法国画院院长布歇1738-1745年间创作的版画《中国年轻女子》（图149左）、《中国女子》（图149右），以及1742年设计的名为《中国博览会》的挂毯（当时六种系列设计之一），（图150）中，出现的人物也都是这类欧人样的奇装异

图147：艺术家所绘的特列安农瓷宫，图片来源：https://en.wikipedia.org/wiki/Trianon_de_Porcelaine#/media/File:Artists_impression_of_Le_Trianon_de_Porcelaine.jpg。

服的"契丹"公民。

18世纪中期以后，中国风装饰中的想象成分逐渐被真实的中国元素所替代，起关键作用的是耶稣会传教士在中国、黎凡特、印度等地方寄给欧洲的34卷信件合集《启发性和好奇的信》(Lettres é difiantes et curieuses)。这些信件从1702年起在巴黎陆续出版，某些部分在1726–1761年间被翻译成德文，1743年被翻译成英文，1753–1757年间被翻译成西班牙文等。它们向启蒙运动哲学家和欧洲大众展示了一个比较真实的中国，包括中国的政府机构、语言、生活习俗等，使莱布尼茨（Leibniz）、伏尔泰等都对中国作出了高度评价。与之相合的是一类绘清代官家人物的中国粉彩瓷器（图151、图152）的流行。这类从乾隆中期起数量渐多的外销瓷在收藏界被称作"满大人"瓷器[13]，可以反映欧洲的中国风从想象到真实的转变。此个花样品种的英文描述是"mandarin"——最早是葡萄牙人对明代官员的称谓（从梵文 mantrin、马来语 měntěri 而来的葡萄牙语 mandarim），后成为对清代官员的称呼。林语堂在1934年的散文《思满大人》中把 mandarin 音译为满大人[14]，所以称这类 mandarin 瓷为满大人瓷也是合理的。此

图148：18世纪上半叶日本青花五彩瓷盘，径20.3厘米，重357克，盘底的支钉痕是日本特征。

图149：左为布歇1738-1745年版画《中国年轻女子》，纽约大都会博物馆藏品，入藏号53.600.1018（9）；右为布歇1738-1745年版画《中国女子》，纽约大都会博物馆藏品，入藏号53.600.1018（3）。

新古典主义、中国风以及中西瓷的互动

图150：18世纪按照布歇1742年版画《中国博览会》（*The Chinese Fair*）设计的挂毯，美国明尼阿波利斯艺术博物馆（Minneapolis Institute of Art）藏品，入藏号45.14。

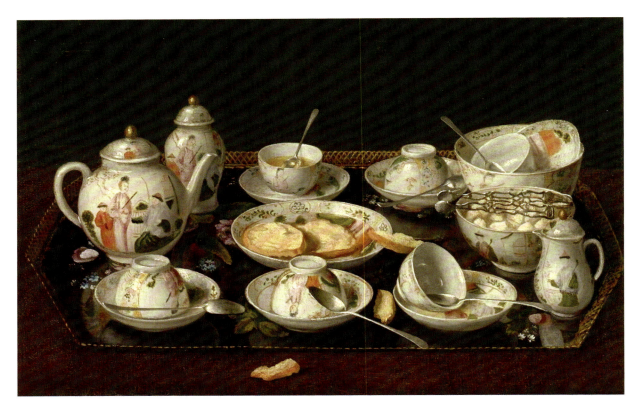

图151：1781-1783年瑞士画家让·埃蒂安·利奥塔德（Jean-Étienne Liotard）油画《"满大人图样"茶具》，美国盖蒂博物馆（Getty Museum）藏品，入藏号84.PA.57。

图152：乾隆中晚期茶具三件，第二、三件为满大人式样。左碟宽12.1厘米，重78克；中勺托宽12.7厘米，重68克；右碟径12.3厘米，重90克。

外，满大人瓷中常有紫红边饰或底饰（图153、图154）。紫色是18世纪七八十年代欧洲流行的色调，紫色历来为王室所喜，增添贵气。

由于16-18世纪中国瓷器在欧洲是财富、地位和品味的象征，于是各种仿制中国瓷器的尝试纷纷出现，但多以失败告终。比如1575-1587年间斯卡纳大公弗朗切斯科一世·德·美第奇（Francesco I de' Medici, Grand Duke of Tuscany）在意大利佛罗伦萨出资尝试美第奇瓷（Medici porcelain）以仿中国瓷，但只做出软膏瓷器（soft-paste porcelain），并未做出中国的硬膏瓷器（hard-paste porcelain）。荷兰德芙陶（delftware）也曾陆续地仿制中国瓷器百余年。17世纪和18世纪，荷兰东印度公司进口了大量中国瓷器，价格高昂，在早期只有富有者才买得起。每当中国瓷器的进口减少或者停止时，荷兰的陶匠就抓住时机用便宜的本土德芙陶替代中国瓷。万历皇帝去世后，荷兰东印度公司要求明政府赶走葡萄牙，并向公司开放福建的一处港口，但被中国拒绝。接着，在16世纪二三十年代的一系列战争中，荷兰败于中国和葡萄牙，荷兰东印度公司和中国的贸易停顿。于是荷兰德芙陶匠抓住机会，经过多次改良，用画好图案的薄胎陶先施白锡釉，再覆清釉，这样烧成后表面的光洁度就和中国青花相近并可作替代了。从1630年到18世纪中期，仿中国风格的德芙陶一直有烧制。在康熙海禁期间以及其后，德芙陶还仿制日本伊万里彩瓷、中国彩瓷和青花（图155）。此外，在中国出口的青花或素胎瓷上，也时有德芙陶匠的加彩和描金，使其身价倍增。

18世纪初，谎称发现用廉价矿石炼金秘法的约翰·弗里德里希·贝特格（Johann Friedrich Böttger）被强力王奥古斯特二世（Augustus II the Strong）（波兰国王、萨克森选帝侯）软禁。强力王令科学家埃伦弗里德·瓦尔特·冯·齐恩豪斯（Ehrenfried Walther von Tschirnhaus）监督贝特格炼金，但贝特格数年未能成功，于是改帮齐恩豪斯试验用齐恩豪斯的秘方烧制玻璃和瓷器。试验尚未成功，齐恩豪斯意外死亡，秘方到了贝特格手里。当贝特格看到秘方中高岭土的成分时，灵感被触动，一周内告诉国王他能烧制瓷器。他找了荷兰制陶砖的工匠做助手，这次没有让奥古斯特二世失望，欧洲最硬的陶器烧制成功。1709年，国王建立了皇家波兰和萨克森选帝侯瓷器制造厂（Königlich-Polnische und Kurfürstlich-Sächsische Porzellan-Manufaktur），并于1710年开始正式生产。贝特格的实验室被设在梅森（Meissen）的阿尔布莱希特（Albrechtsburg）城堡。1713年前硬膏白瓷烧制成功。1723年奥古斯特二世雇佣约翰·格雷戈尔·赫罗德为主管，赫罗德成功地推出了灿丽的釉上彩，一直沿用至今。早期梅森瓷的图案装饰多为中国风题材（图156），仅少量是欧洲风景画。虽然奥古斯特二世尽力保护制瓷秘方，但它还是被偷卖了出去，1717年就有对手在维也纳开厂，而到1760年欧洲已有30家瓷厂。梅森瓷能成为欧洲瓷器第一品牌，在很大程度上得益于在梅森厂工作40多年的德意志雕塑家约翰·约阿希姆·坎德勒（Johann Joachim Kändler）。1731年，年仅25岁的坎德勒被奥古斯特二世雇佣为宫廷雕塑家并在梅森厂做设计师，两年后升任梅森厂的主设计师一直到1775年去世为止。图157是坎德勒1745年设计的《美洲像》。梅森瓷在18世纪上半叶是欧洲最昂贵、水准最高的瓷器，

图 153：乾隆中晚期粉彩马克杯，高 14.8 厘米，重 712 克。

图 154：乾隆中晚期粉彩马克杯两个。左杯高 12 厘米，重 477 克；右杯高 12.3 厘米，重 365 克。

新古典主义、中国风以及中西瓷的互动

图155：左为1713—1735年德芙仿中国和日本风格盘，图片来自 Helen Espir, *European Decoration on Oriental Porcelain 1700—1830*（Jorge Welsh Books, 2005），p.39；右为18世纪德芙仿中国青花碗，笔者旧藏。

图156：1725年德国梅森"中国风"桃型瓷酒壶，人物风景按想象画成，宽17.8厘米，纽约大都会博物馆藏品，入藏号1974.356.488。

被喻为"白金"。一些精明的欧洲外贸商利用商机,用相对便宜的价格向中国订制梅森瓷仿品,运至欧洲当梅森瓷真品高价销售。图158、图159、图160、图161、图162、图163、图164均为中国梅森式外销瓷,仿制梅森瓷的画面或花边。图165是梅森瓷和中国仿品的比较图,两者质量各有千秋。左图梅森瓷运用色彩对比和渐变,突出中心人物,表达人物的情感和冲突;而右图中国仿品则用整体线条的流畅和一致性来塑造整体的和谐感,而不是特别突出人物的内心。整体的和谐感是中国画瓷的主要特征。比如在图166的中国外销盘中,瑞士水手虽然依依不舍地和亲人拥抱告别,但整体表达的是"哀而不伤"的中和之美。图167和图168中画面表现的是和谐和顺从。这些和梅森瓷通过主次、动突、光感等表达的生命力、上进心、自我的意愿形成鲜明对比。中西难分高下,体现的是民族和文化的差异。

在17、18世纪的中西瓷中,你仿我、我仿你或大家仿自同一蓝本的例子实有不少。比如图169,左为中国五彩,右为荷兰德芙彩绘,均参照

图157:1745年坎德勒(Kaendler)瓷塑作品《美洲像》,美国明尼阿波利斯艺术博物馆藏品,入藏号95.98.52。

新古典主义、中国风以及中西瓷的互动

图158：乾隆早期（1745年）中国仿梅森式样港贸碗碟：碗径7.2厘米，重37克；碟径11.8厘米，重52克。

图159：左为雍正晚期（1735年）中国仿梅森纹饰碟，径11.7厘米，重62克；中为乾隆早期中国仿梅森纹饰碗，径7.1厘米，重32克；右为乾隆早期中国仿梅森纹饰碟，径11.6厘米，重54克。

瓷与钻
Porcelain and Diamond

图160：乾隆早期（1745年）中国仿梅森纹饰茶具一组：左碟径11.5厘米，重51克；中碗径7厘米，重34克；右壶高17.5厘米，重382克。

欧洲版画"捕鲸图"绘制。比如图170，即为1755年英国鲍氏（Bow）瓷厂仿中国外销瓷图案的瓷盘。到了19世纪，瓷器已成为欧洲大众普通的生活用品，不再代表地位和高品质。中国外销瓷中的高品味设计也相应减少，而以繁复、热闹来和欧瓷竞争市场，例如图171、图172、图173、图174、图175。到了19世纪后期和20世纪，外销瓷更为艳俗，格式化的花卉纹（图176）、人物纹愈加粗糙[15]。清代的外销瓷器，在18世纪经历了光亮、金彩、享乐、崇高之后，逐渐走向俗化，最终被缺乏人文气息的工业化产品所取代。在人工智能越来越普及的将来，我们也许会更加怀缅瓷器中的人性和情怀。图177是嘉庆时期美国订制的上流社会女孩 Eliza Caldwell 所用茶具奶罐，绘有源自18世纪英国版画的上学图案，在此例中表现为姐姐带弟弟上学或者姐姐带弟弟巡游。虽然当时女性普遍不上学，但在称为"西方雅典"列克星敦（Lexington）的上层家庭中则例外。这件瓷器图案上方的名字缩写EC是列克星敦的伊莉莎·考德威尔（Eliza Caldwell，1807-1885），完整如新的状态可能来自主人的爱护。童年时的茶具图案在考德威尔长大后的生活中再现。她是前美国总统林肯长达30年的知己，在个人生活和政治上曾影响比她小两岁的林肯。微小如奶罐绘图中的关怀与开明，伟大如林肯总统解放奴隶的政举，两者的关联值得深思。

新古典主义、中国风以及中西瓷的互动

图 161：乾隆中期（1750 年）中国仿梅森纹饰盘，径 22.6 克，重 332 克。

图 162：乾隆中期（1750 年）中国仿梅森纹饰盘一对。左盘径 22.7 厘米，重 361 克；右盘径 22.8 厘米，重 350 克。

Porcelain and Diamond 瓷与钻

图163：乾隆早期（1740年）中国仿梅森纹饰"洪水"盘，径23.1克，重309克。

图164：乾隆早期（1740年）中国仿梅森纹饰杯碟一组：杯高6.9厘米，重124克；碟径14.3厘米，重117克。此组为 Gordon, Collecting Chinese Export Porcelain 第73页原物。

新古典主义、中国风以及中西瓷的互动

图 165：梅森瓷和中国仿梅森瓷细节比较：左为苏富比拍品；右为图 158 中的碟。

图 166：乾隆中期粉彩送别碟，径 12.1 厘米，重 70 克。

新古典主义、中国风以及中西瓷的互动

图 167：乾隆中期粉彩碟，径 15.4 厘米，重 124 克。

图 168：乾隆中期青花粉彩马克杯，高 13.1 厘米，重 643 克。

新古典主义、中国风以及中西瓷的互动

图169：18世纪早期中国"捕鲸图"瓷碗碟（左）和荷兰德芙瓷盘（右）比较。左图中，碗径9.6厘米，重72克；碟径14厘米，重98克。右图来自 Hervouët et Bruneau, *La porcelaine des Compagnies des Indes à décor Occidental*, 第368页。

图170：1755年英国鲍氏瓷厂仿"中国风"的瓷盘，径22.9厘米，纽约大都会博物馆藏品，入藏号2014.600。

图171：嘉庆时期洛克菲乐式金地粉彩盘，径19.5厘米，美国罗德岛艺术博物馆（RISD Museum）藏品，入藏号2017.74.38.20。

图172：嘉庆晚期粉彩四季盘：第一排左盘径24.6厘米，重419克；右盘径24.8厘米，重422克。第二排左盘径24.9厘米，重405克；右盘径24.9厘米，重405克。

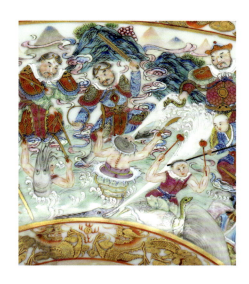
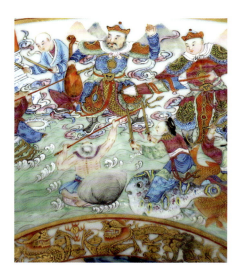

图173：道光晚期粉彩大碗，径46.2厘米，重4887克。

图174：道光晚期粉彩无双谱杯，高7.6厘米，重77克。

图175：同治时期粉彩水浒故事托盘，宽28.6厘米，重475克。

新古典主义、中国风以及中西瓷的互动

图176：道光和民国粉彩盘比较：左为道光时期（1835年）英国哈利森（Harrison）家族纹章瓷温盘，宽27.6厘米，重1150克；右为1936年纽约餐馆20周年纪念盘，径21.5厘米，重375克。

图177：嘉庆时期孩童用粉彩奶罐和盖，高10.3厘米，重111克。英国山度士（Santos）旧藏，发表于A. Varela Santos, *Qing Export Porcelain*, 2015/2016, cat. p.130。

1 卢梭的基本立场倾向于平民，在这点上他和伏尔泰有根本的不同。卢梭和伏尔泰第一次交锋是在1755年里斯本大地震（Lisbon earthquake）后，在那次地震中里斯本死了6万人等。伏尔泰写了一首诗，同情那里的居民，说如果大家都是天主教的虔诚信徒，上帝为何会单单惩罚那些人？或者说，地震不是上帝所为，只是不幸。诗的口吻是同情当地的居民。卢梭读了伏尔泰的诗后，不以为然，他写了25页的一封长信给伏尔泰，认为同情不是最重要的，而想法找出原因、避免人祸才是主要的（比如人住得太密，导致大地震伤亡过多）。他内心认为伏尔泰是贵族心理倾向，吃得好穿得好，对于穷人的问题伏尔泰只是同情，但并没有设身处地地去代入平民，而想出改良或解决的方法。他不是认为同情不对，而是对于伏尔泰这么有名的人，仅仅用漂亮文字写封同情或感慨的诗是不够的，更应该去想具体的改良方案。见 Russell Dynes, *The Dialogue between Voltaire and Rousseau on the Lisbon Earthquake: The Emergence of a Social Science View*, International Journal of Mass Emergencies and Disasters, vol. 18, no. 1（2000）,pp.97–115。

2 "The waste of time is certainly a great evil; but still greater evils attend upon literature and the arts. One is luxury, produced like them by indolence and vanity. Luxury is seldom unattended by the arts and sciences; and they are always attended by luxury." 引自：https://www.files.ethz.ch/isn/125491/5018_Rousseau_Discourse_on_the_Arts_and_Sciences.pdf 第10页。

3 "It is thus that the dissolution of morals, the necessary consequence of luxury, brings with it in its turn the corruption of taste." 引自：https://www.files.ethz.ch/isn/125491/5018_Rousseau_Discourse_on_the_Arts_and_Sciences.pdf 第11页。

4 "And what will become of virtue if riches are to be acquired at any cost? The politicians of the ancient world were always talking of morals and virtue; ours speak of nothing but commerce and money." 引自：https://www.files.ethz.ch/isn/125491/5018_Rousseau_Discourse_on_the_Arts_and_Sciences.pdf 第10页。

5 "In our day, now that more subtle study and a more refined taste have reduced the art of pleasing to a system, there prevails in modern manners a servile and deceptive conformity; so that one would think every mind had been cast in the same mould. Politeness requires this thing; decorum that; ceremony has its forms, and fashion its laws, and these we must always follow, never the promptings of our own nature.... Sincere friendship, real esteem, and perfect confidence are banished from among men. Jealousy, suspicion, fear, coldness, reserve, hate and fraud lie constantly concealed under that uniform and deceitful veil of politeness." 引自：https://www.files.ethz.ch/isn/125491/5018_Rousseau_Discourse_on_the_Arts_and_Sciences.pdf 第4页。

6 "We no longer dare seem what we really are, but lie under a perpetual restraint; in the meantime the herd of men, which we call society, all act under the same circumstances exactly alike, unless very particular and powerful motives prevent them. Thus we never know with whom we have to deal; and even to know our friends we must wait for some critical and pressing occasion; that is, till it is too late; for it is on those very occasions that such knowledge is of use to us." 引自：https://www.files.ethz.ch/isn/125491/5018_Rousseau_Discourse_on_the_Arts_and_Sciences.pdf 第 4 页。

7 Diderot: "There are sublime gestures that oratorical eloquence can never convey." Paul Hugo Meyer, ed., *Diderot: Lettre sur les sourds et muets,*" Diderot Studies 7（1965）,pp.47–48.

8 1587—1588 年，葡萄牙从亚洲所买的商品中瓷器份额不到 1.5%，而胡椒占 68%。参见魏峻：《16—17 世纪的瓷器贸易全球化：以沉船资料为中心》，载《故宫博物院院刊》2022 年第 2 期，第 13 页。

9 1690 年头顿沉船（Vung Tau Cargo）中发现的诸多青花陈设器可能也是用于中国风装饰。

10 Aldous Bertram,Dragons & Pagodas: *A Celebration of Chinoiserie*（Vendome Press, September 21, 2021）,pp.57–59.

11 同上，p.57, 63。

12 同上，p.179。

13 见胡雁溪、曹俭：《它们曾经征服了世界：中国清代外销瓷集锦》，中国大百科全书出版社 2010 年版，第 38 页。

14 林语堂《思满大人》："西文以满大人（mandarin）一字指'满清'自一品至九品的官吏……"

15 在收藏初期，笔者在国内市场首先见到的就是这类粗广彩，以为它们就是广彩的代表，而把雍正/乾隆时期的广彩精品误认为官窑。

附录 1

以清代海捞瓷为参照的断代

瓷与钻

Porcelain and Diamond

瓷器的断代和辨伪是通过和标准器比较进行的。清代青花标准器的一个主要来源是年代考证确切的海捞瓷。让我们从承上启下的雍正金瓯海捞瓷开始。

在20多年前打捞的从广州开往荷兰中转据点雅加达的中国商船金瓯号沉船中，发现有一枚罕见的石制私印，印文为"潘廷采印"。据中山大学教授范岱克（Paul Van Dyke）的分析和考证，潘廷采可能是其后广州十三行行商潘振承（图178）的叔公[1]。

那次海难的原因是甲板起火，可能是海盗攻击引起。潘廷采是否渡过劫难，成了后人难解的谜。贸易以艰辛换来的成就仍激励着今人。

金瓯沉船的物件中，有康熙通宝铜钱以及雍正款的瓷器，所以不会早于雍正时期。瓷器中，有相当部分是延续康熙的克拉克式风格，所以离康熙时期也不会太远。荷兰的乔克（Jörg）教授综合各种因素，将金瓯沉船断为1725年[2]。

7万多件金瓯海捞瓷于2007年在阿姆斯特丹苏富比拍卖，为瓷器收藏者提供了科学的雍正景德镇民窑青花标准器。在清代海捞瓷未被发现整理前，清代民窑收藏多凭个人经验或者书籍上一些笼统的特征总结，很少有能够追踪其传承直至源始的民窑器（少数博物馆和私人藏品除外），所以断代多凭猜想和理论。在海捞瓷被科学发掘和整理后，收藏和鉴定就有了新的科学依据。

大家在谈论海捞瓷时，一个通常的误解是海捞瓷釉光均失。但釉光之失不是绝对的，而是程度的不同：水质的不同、瓷器胎釉的不同，会导致不同的釉光特征。比如康熙头顿海捞瓷的釉光较差，雍正金瓯海捞瓷润而不亮，但乾隆中期南京海捞瓷很多釉光如新，比有些传世的瓷器都好。另外，水在瓷器表面的腐蚀通过一些简单清理会有不同程度的改善。

金瓯海捞瓷绝大多数是面向欧洲市场供中产阶级使用的景德镇造青花茶具，比如茶碗和茶碟，有的花样碗多碟少，有的花样碗少碟多，不少花样至少有千组碗碟。花样上既有沿袭康熙及晚明的克拉克式，也有雍正时重新设计的中国传统风格的薄胎碗碟。这些薄胎碗碟大约有几十个品种花样，见图179中九例，虽是延续清初格式，但有了雍正本朝的创新：施色淡雅，少康熙时的深色涂抹，细节用线条填充内容，留空留白较多，注重山水/场景和人物的搭配布局。比较图180中左图康熙头顿海捞瓷盖和右图雍正金瓯海捞瓷勺托：左多涂抹，而右用白描。再比较图181右边的康熙头顿海捞瓷

图178：潘振承像，瑞典哥德堡市立博物馆（Göthenburg Stadsmuseum）藏品。

青花觚和图182的金瓯海捞瓷青花罐：康熙布图满，而雍正留空留白多。由于色淡细腻，雍正时的青花小碟最富雅意（图183），胜过之前和之后的青花碟/盘（图184）。

为什么金瓯海捞瓷中有这么多茶具？因为当时欧洲饮茶之风已普及到中产阶级。单伦敦就有千家卖茶的咖啡店。饮用中国茶当然是配中国的瓷茶具更有情调，何况当时欧洲除了梅森，还不能制造能和雍正瓷媲美的瓷器。这些雍正薄胎瓷碟上手即知其不耐用，运输中就有可能导致口沿的毛边，而薄胎一经碰撞就会有裂损。若是在咖啡店经常使用，可能隔一段时间就需要重新购买。

金瓯海捞瓷中有一种足边有镂空卷草纹饰的茶叶罐（图185），这个式样一直延续到乾隆。图186中，左为金瓯海捞瓷茶叶罐，右为乾隆粉彩茶叶罐。两者对比足部卷草可见：雍正的卷草纹比较凸出，镂空立体感强；而乾隆的卷草纹比较贴内，立体感不强。

比金瓯海捞瓷早的清代海捞瓷有明清际的哈彻海捞瓷（Hatcher Cargo）（图187）、1690年的康熙头顿海捞瓷、康熙晚期的碗礁一号出水瓷器（图188）。头顿海捞瓷的整体水准较高，这批瓷

图179：第一排左碟径11.3厘米，重45克；中碟径10.6厘米，重48克；右碟径11.3厘米，重49克。第二排左碟径11.7厘米，重56克；中碟径11.6厘米，重55克；右碟径10.6厘米，重54克。第三排左碟径12厘米，重76克；中碟径12.7厘米，重92克；右碟径11.4厘米，重88克。

以清代海捞瓷为参照的断代

图180：左杯盖中心图案为路易十四国王和王后，外圈是跪拜的东方人，径8.8厘米，重62克，阿姆斯特丹佳士得头顿海捞瓷拍卖目录1992年4月7日至4月8日第116页图中原物；右为雍正早期（1725年）金瓯海捞瓷牧童骑牛勺托，长12.2厘米，重52克，图案也称为"及第有望""凌云冲宵""直上青云"等，参阅中国广西壮族自治区博物馆、中国广西文物学古研究所、越南国家历史博物馆编著《海上丝绸之路遗珍——越南出水陶瓷》，科学出版社2009年版，第118-120页。

图181：左为康熙晚期青花瓶，高10.8厘米，重90克；右为康熙晚期（1690年）头顿海捞瓷青花觚，高9.3厘米，重110克，阿姆斯特丹佳士得头顿海捞瓷拍卖1992年4月7日至4月8日第685号。

图182：雍正早期（1725年）金瓯海捞瓷青花山水人物罐，高8厘米，重200克，阿姆斯特丹苏富比金瓯海捞瓷拍卖目录2007年1月29日至1月31日第86页样品原物图。

图183：左为雍正早期（1725年）青花西厢记听琴碟，径10.8厘米，重46克；中为雍正早期（1725年）青花踏雪寻梅碟，径11.5厘米，重60克；右为雍正早期（1725年）青花麻姑献寿碟，径11.3厘米，重41克。

图 184：康熙晚期青花盘，底款"大明成化年制"，径 23.3 厘米，重 361 克。

图 185：左为雍正早期（1725年）青花吕布貂蝉茶叶罐，高 10 厘米，重 141 克；中为雍正早期（1725年）青花牧童放牛茶叶罐，高 12.4 厘米，重 175 克；右为雍正早期（1725年）青花吕布貂蝉茶叶罐，高 10.4 厘米，重 165 克。

图186：左为雍正早期（1725年）青花杏林春燕茶叶罐，高12厘米，重175克；右为乾隆时期粉彩仕女茶叶罐，高9.1厘米，重150克。

图187：左为晚明青花碟，径14.9厘米，重163克；中为明末清初哈彻海捞瓷青花玲珑碗，径9厘米，重78克；右为晚明青花碟，径15.1厘米，重157克。

图188：康熙晚期青花人物故事图盘，图片来自《东海平潭碗礁一号出水瓷器》，科学出版社2006年版，第144页。

器是作为装饰欧洲"瓷屋"的陈设器，很多器物的图案都是欧式花纹。例如，图189左，头顿海捞瓷青花罐中的对称平行叶翠菊纹。类似的平行叶纹见于图189右的五彩盒中，所以图189右盒亦可断为康熙时期。比金瓯海捞瓷晚的1750年南京海捞瓷是乾隆早期和中期的分水岭。南京海捞瓷餐具、茶具均多，较有代表性的见图190、图191。图192左的碗碟横向布局，主体饰偏下，而相对的一角偏上。根据南京海捞瓷的年代，这是乾隆中期的布局特征，可以用来鉴别同类布局的其他瓷器，比如图193、图194。另外，从图192左的碟可以看出，这个格式化的图案留空多又易画，画起来快，这样可以降低成本。除了上述提及的海捞瓷，其他清代海捞瓷还有不少。对于（釉下）青花瓷，能考证沉船年代的海捞瓷是最可靠的断代标准器。但对于彩釉瓷的断代，由于海捞瓷的彩釉（釉上彩）受海水腐蚀后难以辨识，不能同正常的彩釉瓷比较釉色，而只能通过残留的图案设计或者和相同设计的青花瓷等比较，因此海捞瓷对彩釉瓷断代的参照价值有限。要找到更多彩釉瓷的断代特征，我们需要从清代纹章瓷中探索，见附录2。

图189：左为康熙晚期头顿海捞瓷青花碟，径14.6厘米，奥地利Zacke拍卖2019年3月23日第707号；右为康熙晚期五彩盖盒，径11.7厘米，重295克，Hopzapfel旧藏。

图190：乾隆中期（1750年）南京海捞瓷青花牡丹纹便壶，最宽15.5厘米，重396克，阿姆斯特丹佳士得南京海捞瓷拍卖1986年4月28日至5月2日第1149号。

图191：乾隆中期（1750年）南京海捞瓷青花汤碗和盖，最宽25.6厘米，重1996克，阿姆斯特丹佳士得南京海捞瓷拍卖1986年4月28日至5月2日第3534号。

图192：左为乾隆中期（1750年）南京海捞瓷青花碗碟；右为乾隆中期（1750年）南京海捞瓷青花渣斗，最宽12.7厘米，重308克，阿姆斯特丹佳士得南京海捞瓷拍卖1986年4月28日至5月2日第4724号。

图193：左为乾隆中期（1750年）伊万里盘，径23.2厘米，重348克，埃力诺·高登旧藏；右为乾隆中期（1750年）伊万里盘，径22.8厘米，重342克，埃力诺·高登旧藏。

图 194：乾隆中期粉彩牧牛大盘，长 40.5 厘米，重 2090 克。

1. Paul A. Van Dyke, "The Ca Mau Shipwreck & The Canton Junk Trade," in Sotheby's *Made in Imperial China* (Amsterdam 29, 30 & 31 January 2007), p.14-15.

2. Prof. Dr. Christiaan J. A. Jörg, "The Ca Mau Porcelain Cargo," in Sotheby's *Made in Imperial China* (Amsterdam 29, 30 & 31 January 2007), p.19.

附录2

以清代纹章瓷为参照的断代

由于许多纹章瓷有较为精确的订制时间，比如婚瓷、船只去中国的时间等，因此我们可以把这个时间和纹章瓷中的图案和边饰相对应，从而进一步推断出有类似图案或边饰但无章的其他瓷器的大致年代。图 195 左盘是 1733 年荷兰范斯·恩斯·博豪特（Vans Ens Bochout）家族纹章瓷，其边圈开光纹饰包含一对欧洲贵族男女。同类的男女见图 195 右盘，故图 195 右盘可断为雍正晚期。图 196 左盘的中心图案为贵妃醉酒，纹章是英国戈登和福布斯家族，霍华德断 1745 年[1]，但荷兰国立博物馆断为 1750-1774 年。图 196 右盘的中心图案亦为贵妃醉酒，边饰繁复华丽，年代应和左盘相近，但夔龙边线似出现略晚，故可断乾隆中期。图 197 左为 1755 年第三代格拉夫顿公爵三世、英国首相奥古斯都·亨利·菲茨罗伊（Augustus Henry FitzRoy）订制的纹章瓷盘，右为同样人物图案的没有纹章的粉彩瓷汁盅，两者皆为乾隆中期。图 198 中的纹章瓷是英国维多利亚与艾尔伯特博物馆（Victoria and Albert Museum）所藏的 1765 年雷蒙德和韦伯斯特家族纹章瓷盘，中心图案据博物馆介绍是"一位读书人和三位持扇女士"（a scholar and three ladies with fans）。但一位持扇"女士"显然是个和尚，此图主题是《西厢记》的《佛殿奇逢》（图 198 右）[2]。有同类中心图样的纹章瓷至少还有另外两套，但暂未发现有这类图样但无纹章的其他瓷器。

18 世纪绘中心人物饰的纹章瓷种类并不是很多，相对更为流行的是绘花鸟、动物、花卉纹的纹章瓷。图 199 左右两盘双鸟的姿态和方位雷同，竹叶和右侧花枝的布局也有几分相似，所以可能年代相近。左盘为 1740 年夏普（Sharp）和怀曼（Wyman）家族纹章瓷，故右盘的年代可能也是乾隆早期。图 200 下的康熙晚期英国戈弗雷（Godfrey）家族纹章瓷中的凤首和图 200 上的凤首相似，所以图 200 上的五彩盘应也为康熙晚期。由于含图 200 上的康熙五彩盘的盘心鸟形态缩颈壮腹（图 201 左），和图 201 右的五彩瓶中的鸟形态类似，因此图 201 右五彩瓶亦为康熙晚期。图 202 左盘下方是个双鹿图样，其站鹿和右盘盘心的站鹿姿态相似。左盘的年代是 1755 年，所以右盘可断为乾隆中期。图 203 左碟中的鹌鹑山石和右碟中的鹌鹑山石或对称或相似，左为乾隆早期，右应亦为同一时期。图 204 中的左右两盘初看没有相似之处，但这里我们不比较图样，而是看下白釉的运用。白底施白釉是欧洲喜欢的装饰风格，在中国本土并不流行。图 204 左盘为雍正中期 1729 年的纹章瓷，在上方的冠和中心的纹章中

图 195：左为雍正晚期（1733 年）荷兰范斯·恩斯·博豪特（Vans Ens Bochout）家族纹章瓷碟，径 11 厘米，美国 Alex Cooper 拍卖 2023 年 9 月 30 日第 1460 号；右碟径 13.5 厘米，图片来自 Hervouët et Bruneau, *La porcelaine des Compagnies des Indes à décor Occidental*, 第 157 页。

图 196：左为乾隆早期或中期戈登和福布斯家族（Gordon and Forbes families）1745-1774 年订制的纹章瓷盘，宽 27.5 厘米，荷兰国立博物馆藏品，入藏号 AK-NM-13421；右为乾隆中期金地粉彩贵妃醉酒盘，径 22.7 厘米，重 362 克。

图 197：左为乾隆中期（1755 年）格拉夫顿公爵（Duke of Grafton）纹章瓷盘，径 16 厘米，美国 Brunk 拍卖 2021 年 9 月 10 日第 573 号；右为乾隆中期粉彩汁盅，长 22.3 厘米，重 470 克。

图 198：左为乾隆中期（1765 年）雷蒙德（Raymond）和韦伯斯特（Webster）家族纹章瓷盘，径 21.1 厘米，英国维多利亚与艾尔伯特博物馆藏品，入藏号 FE.63-1978；右为《董解元西厢记》的《佛殿奇逢》木刻版画。

有一些白釉装饰。中国外销瓷中白底施白釉的装饰在雍正早期和中期的纹章瓷中偶有所见，但只在零星的小区域中。图 204 右盘中白釉增多，装饰手法成熟，应比图 204 左盘年份晚，可能为雍正到乾隆

以清代纹章瓷为参照的断代

图199：左为乾隆早期（1740年）英国夏普（Sharp）和怀曼（Wyman）家族纹章瓷，图片来自大卫·霍华德著《中国纹章瓷》第2卷，第193页；右图来自胡雁溪、曹俭编著《它们曾经征服了世界：中国清代外销瓷集锦》，第91页。

早期。图205中两盘盘心的图案类似，左盘为1755年达塞特家族纹章瓷，所以右盘年代也应相近，加上其他此类鸟图案纹章瓷的年代论据，我们可以推断出这类盘心的双鸟图案流行于乾隆中期。图206左右类似的是草以及叶的形状和颜色，左为1740年，右也应为乾隆早期。图207左碟的锦地和右盘的锦地类似，粉彩的锦地纹自雍正中期开始流行，这类大面积粉红锦地的装饰在雍正晚期比较多见：图207左为1730年，右为雍正晚期的1735年。以夔龙纹为边饰线的黑彩锦地纹出现稍晚，在乾隆中期比较流行。图208即为此类，年代为乾隆中期的1760年。图209左和右的中心图案皆为黑彩希腊曙光女神驾马车，左有英国亨伯特森（Humbertson）家族纹章，是1740–1750年间订制的；右的年代也应为乾隆早期。图210左和右的中心图案相同，霍华德认为是密涅瓦（Minerva）女神保护阿多尼斯（Adonis），而埃尔武埃和布鲁诺（Hervouët et Bruneau）认为是密涅瓦女神保护尤利西斯（Ulysses，罗马版的奥德修斯）[3]。左为乾隆早期的1745年，由此推断右亦为乾隆早期。图211左盘的中心图案被称为"恋人式样"（Valentine Pattern），是贸易商为了感谢英国海军准将安森（Anson）率领部下于1743年11月26日扑灭了广州大火，依照佩尔西·布雷特（Peircy Brett）在广州设计的画样而订制的[4]。安森后来成为英国海军上将，指挥了"七年战争"。这个"恋人式样"颇受欢迎，在其他纹章瓷和无纹章的瓷器（图211右杯碟）上亦时有所见。

图200：上为康熙晚期五彩花鸟盘局部；下为康熙晚期英国戈弗雷（Godfrey）家族纹章瓷，图片来自大卫·霍华德著《中国纹章瓷》第2卷，第138页。

图 201：左为康熙晚期五彩花鸟盘局部；右为康熙晚期五彩花鸟瓶，高 14 厘米，重 232 克。

图 202：左为乾隆中期（1755 年）英国霍纳（Horner）家族纹章瓷，图片来自大卫·霍华德著《中国纹章瓷》第 2 卷，第 225 页；右为美国 Briggs 拍卖 2021 年 7 月 30 日第 101 号，径 38 厘米。

图203：左为乾隆旱期（1745年）英国沃德（Ward）家族纹章瓷碟，图片来自大卫·霍华德著《中国纹章瓷》第2卷，第217页。右为乾隆早期粉彩鹌鹑杯碟，杯径7厘米，重56克；碟径12厘米，重78克，埃力诺·高登旧藏。

图204：左为雍正时期（1729年）英国霍华德（Howard）、布莱顿（Brotherton）及其他家族纹章瓷汤盘，径22.5厘米，重357克；右为雍正或乾隆早期粉彩鹌鹑盘，径22.7厘米，重358克，霍华德和艾尔斯著《为西方制造的中国瓷》，第152页原物图。

以清代纹章瓷为参照的断代

图205：左为乾隆中期（1755年）英国达塞特（Darcet）家族纹章瓷，径22厘米，重350克；右为美国Eddie's拍卖2020年10月18日第219号，径23厘米。

图206：左为乾隆早期（1740年）英国丘特（Chute）家族纹章瓷杯，图片来自大卫·霍华德著《中国纹章瓷》第2卷，第194页；右为乾隆早期粉彩花鸟奶罐，高10.3厘米，重203克，Toftager旧藏。

图 207：左为雍正时期（1730 年）苏格兰富利斯男爵门罗（Munro）家族纹章瓷碟，图片来自大卫·霍华德著《中国纹章瓷》第 2 卷，第 154 页；右为雍正晚期（1735 年）粉彩仕女盘，径 23 厘米，重 321 克。

图 208：乾隆中期（1760 年）科顿家族纹章瓷盘，径 21.9 厘米，重 349 克，布利万特（Bullivant）旧藏。

图209：左为乾隆早期（1740-1750年）英国亨伯特森（Humbertson）家族纹章瓷盘，径23.5厘米，大英博物馆藏品，入藏号Franks.1407；右为乾隆早期黑彩曙光女神瓷盘，径22.9厘米，重348克。

图210：左为乾隆早期（1745年）荷兰麦凯（Mackay）家族纹章瓷三足盘，图片来自大卫·霍华德《中国纹章瓷》第2卷，第215页；右为乾隆中期黑彩密涅瓦女神（Minerva）瓷盘，径22.5厘米，比利时Carlo Bonte拍卖2022年6月15日第1028号。

图211：左为乾隆早期（1743年）贸易商在广州订制的英国安森和开利家族（Anson quartering Carrier）纹章瓷盘，径22.9厘米，大英博物馆藏品，入藏号1892,0616.1；右为乾隆中期粉彩恋人式样杯碟，杯高7.3厘米，重88克，碟径13.3厘米，重95克。

1　大卫·霍华德：《中国纹章瓷》，第313页。

2　图198右为《佛殿奇逢》木刻版画，来自明代杨慎点定、黄嘉惠校阅的《董解元西厢记》。更多信息见上海外国语大学倪亦斌教授对《西厢记》瓷器和图案来源的全面整理：http://niyibin.org/ni_article/imgindex.html。

3　见大卫·霍华德：《中国纹章瓷》第2卷，第304页；Hervouët et Bruneau, *La porcelaine des Compagnies des Indes à Décor Occidental*, p.215。

4　大卫·霍华德：《中国纹章瓷》，第46–47页。